La Bientraitance

Précédemment paru sous le titre *De la bienveillance à la bientraitance.*

Patricia Chalon

La Bientraitance

Voir en l'autre ce qu'il a de meilleur

Marabout

Je souhaite remercier tous ceux
dont la bientraitance ne m'a jamais fait défaut.
Ma famille pour sa patience aimante,
mes amies pour leurs conseils précieux
et leurs relectures vigilantes,
et celles sans lesquelles ce livre n'aurait eu aucune chance
de voir le jour, Hélène et Colette,
pour leur soutien permanent.

Sommaire

La bientraitance, c'est quoi ?

« La bientraitance ? C'est le contraire de la maltraitance, non ? Ça tombe sous le sens ! » Pas tout à fait. À l'évidence, la bientraitance s'oppose à la maltraitance caractérisée, c'est-à-dire au comportement volontairement malfaisant, suscité par le désir d'induire du malheur pour se repaître de l'infortune d'autrui. Pourtant, s'il ne s'agissait que de cela, ce livre n'aurait pas lieu d'être. Non seulement la bientraitance réelle n'est pas systématiquement le contraire de la maltraitance apparente, mais il arrive qu'un processus hautement bientraitant commence par un acte apparemment contraire. Il ne s'agit donc pas uniquement de « tomber sous le sens », mais de « s'élever au-dessus, en direction du vrai sens ». Il faut donner une réponse saine, c'est-à-dire pleine de bon sens, aux questions enfouies, paralysantes, inhibitrices, culpabilisantes. Les applications de la bientraitance sont sans limites ; le geste bientraitant concerne tout ce qui vit : le minéral, le végétal, l'animal, l'humain ; par conséquent tout ce qui autorise et favorise la vie : l'air, la terre, la mer, etc. Vaste, trop vaste univers pour être contenu dans ce seul livre… Il ne sera question, ici, que de l'humain, à travers quelques exemples non exhaustifs de son chemin de vie.

La bientraitance, ça date de quand ?

La bientraitance a probablement germé il y a six ou sept millions d'années, si l'on se réfère à la récente découverte d'ossements humains. Germé seulement. En se dressant sur leurs pattes arrière pour libérer leurs pattes avant, en étant ainsi à même de s'en servir comme d'outils, et de lever les yeux plus haut que le sol et l'arrière-train de leurs congénères, les minuscules groupes d'humains épars sur la planète ont développé certaines facultés extraordinaires : imaginer, inventer, fabriquer, projeter et ambitionner. Sans se concerter et sans le savoir, c'est presque au même moment de l'évolution qu'ils se sont orientés vers un même but : se civiliser. Au commencement, ce ne fut ni un verbe ni un concept ; ce fut d'abord l'idée de ne pas détruire trop vite un semblable potentiellement dangereux mais tout aussi potentiellement utile. Les semblables étaient alors trop rares pour prendre le risque de se priver de leur présence !

Le concept de bientraitance n'a pris son essor qu'à l'aube de l'an 2000, mais il trouve son origine dans des pratiques déjà bien ancrées autour de l'enfant (naissance sans violence, accueil paisible des tout-petits en collectivité, prise en compte de la douleur de l'enfant, etc.) avant de s'étendre à l'homme en général et à son comportement.

Le terme apparaît dans les années 1990, parallèlement au mouvement américain baptisé *Care.* Marie-Jeanne Reichen, Marceline Gabel, Michel Manciaux et Danièle Rapoport, entre autres, souhaitent que puissent être mises en lumière les compétences présentes en chacun (voir bibliographie). Il s'agit d'une approche globale, d'un autre climat, d'un autre regard pour transmettre non seulement la vie, mais l'amour de la vie. « La bientraitance tisse une trame subtile autour de l'enfant : la construction de son identité et de son sentiment d'exister est inséparable du respect des stades de son développement et de son histoire, d'un projet cohérent pour son devenir dont il est le partenaire actif, de l'accompagnement de ses parents s'ils sont en difficulté, et du soutien des professionnels qui l'entourent », écrit Danièle Rapoport[1], qui illustre ce nouveau concept par un proverbe chinois très ancien : « Les parents ne peuvent donner que deux choses à leurs enfants, des racines et des ailes. »

« La bientraitance, c'est le respect de l'enfant mis en acte, c'est donc respecter l'enfant en lui donnant les moyens d'être sujet désirant et acteur de sa vie, en le considérant comme une personne en devenir, un interlocuteur que l'on accueille, auquel on s'adresse et avec lequel on se comporte avec respect psychique, physique et affectif », affirme Francesca Flamand[2], fondatrice de l'Institut de la bientraitance.

En effet, se civiliser, c'est-à-dire envisager d'épargner l'autre, puis le considérer, le respecter, voire l'aimer, ça prend du temps ! C'est encore dans le dossier « en cours ».

Alors, civilisé ou bientraitant, c'est la même chose ? Pas tout à fait. Un être bientraitant est un être civilisé capable, en plus, de vouloir connaître L'AUTRE vraiment, c'est-à-dire co-naître avec l'autre, par l'autre et pour l'autre. Se mettre à sa place. La capacité à se mettre à la place de l'autre – ce qu'on a coutume d'appeler l'empathie – représente le plus haut degré de la cognition, donc de l'évolution. Il y a fort à parier que ce dossier-là ne sera pas non plus réglé très rapidement.

---

1. In *Enfance majuscule*, numéro spécial 87-88-89 : *La Bientraitance interrogée*, août 2006.
2. *Ibid.*

pour commencer, de mieux connaître ce dont nous tous, les humains, sommes globalement capables, dans le pire comme dans le meilleur, afin de nous accepter puis de nous corriger.

Pourquoi n'est-on pas toujours bientraitant ?

Parce que, entre autres réponses de l'homme à cette injonction de perpétuation des espèces, s'il y a les pulsions instinctives d'autoprotection et de procréation à tout va, la sauvegarde de la cellule familiale, donc de ce qui la nourrit (du terrain de chasse primitif au boursicotage actuel, le mécanisme reste le même), il y a en même temps, invariablement, la destruction de tout ce qui menace ou semble menacer ce microgroupe. Or, légitimée par une si longue histoire, l'habitude de considérer tout ce qui est nouveau comme potentiellement dangereux est si bien ancrée en l'humain qu'un simple nouveau voisin de palier stimule en chacun des occupants de l'immeuble le réflexe de s'allier avec ceux qu'on fuyait la veille, moins on a pris l'habitude de croiser, afin de faire clan contre le nouveau. Si le but de la vie est de se perpétuer partout, à tout prix (quelquefois même n'importe comment, du moins en apparence), le but de l'individu est encore à ce jour de perpétuer SON clan, c'est-à-dire SON œuvre ; son ambition primitive est d'assurer la domination de ce clan sur tous les autres.

Alors… Rien à faire ? Attendre que, rouée de coups par les éléments naturels autant que par ses propres débordements, l'humanité se résume à une poignée d'êtres brisés, tellement harassés qu'ils accepteront même d'être gentils pourvu qu'on les laisse en vie ? L'attente risque d'être longue…

Tout a été dit, inventé, expérimenté tant de fois vainement ; pourquoi continuer à tenter d'améliorer la condition humaine ? Parce que, même si la connaissance a seulement un effet retard sur le comportement, l'évolution ne s'arrête pas. Tant pis si, parfois, elle ressemble d'assez près à de l'involution (terreur, guerre, inquisition, etc.) ; l'ombre étant ce qui donne l'envie de la lumière, ces phases tragiques d'involution procèdent du mouvement vers le mieux, même si cela ne saute pas tout de suite aux yeux.

UN PETIT SACRIFICE QUAND MÊME…

La bientraitance impose de renoncer une fois pour toutes à avoir le dernier mot. Il s'agit sans doute du plus difficile… Ah ! Ce sacré dernier mot !… À l'enfant tombé et blessé, le bientraitant évitera d'assener « J'en étais sûr ! Tu vois, je te l'avais bien dit… », car, même si l'ego de l'adulte adore avoir raison et l'exprimer de façon tonitruante, qui sait si cet enfant n'est pas tombé en partie pour obéir à la prédiction que justement lui avait faite l'adulte ? Impressionné par l'expression victorieuse du parent qui vient de s'exclamer, l'enfant interprète cette victoire comme une joie, ce qui pourrait l'inciter à retomber volontairement pour donner à son parent le plaisir d'avoir à nouveau raison… Les enfants sont si fiers de faire plaisir aux grandes personnes qu'ils aiment !

Quant à l'adulte qui insiste pour prouver à quel point il a raison, la vie se chargera malheureusement bien souvent de lui faire comprendre à quel point il avait tort.

Première partie

Naître, grandir, se construire, devenir, transmettre

Pourquoi la bientraitance et pas autre chose ?

Participer à la construction du monde en donnant, à son tour, de quoi naître, grandir, se construire mieux encore..., voilà l'enjeu. En donnant à qui ? À tout ce qui vit et qu'un mystérieux mais incontournable hasard pose à la portée des sens et du cœur de l'individu. En donnant pourquoi ? Pour que cet autre ait lui aussi plaisir à donner, et ainsi de suite.

Parmi tout ce qui a été tenté pour favoriser l'enracinement, puis l'envol – donc la faculté de se préserver assez longtemps pour progresser et se reproduire, mais en mieux adapté au futur – de tout organisme vivant sur la Terre, la synergique alliance de l'intelligence, de la bienveillance et du bon sens a fait les preuves de sa parfaite adéquation. Rien n'a pu s'y substituer durablement jusqu'à ce jour, ni l'intelligence, ni la bienveillance ni le bon sens séparément. En effet, l'intelligence sans bienveillance prend facilement des allures de malfaisance ; la bienveillance sans intelligence génère des maladresses pouvant parfois entraîner des catastrophes ; quant au bon sens seul, il n'existe pas. Sinon, quoi d'autre... L'humour ? Bien sûr, mais ce dernier ne s'ajoute pas ; il fait implicitement partie de ce qui domine toutes les actions positives à long terme et que l'on rassemble sous le terme « bientraitance ». Qu'il s'agisse de générer, de faire grandir, de construire et de faire s'épanouir un rosier, une œuvre d'art, une philosophie, une nouvelle thérapie, un État sur la surface du globe ou un enfant au foyer, il faut de l'humour pour accepter les aléas, les impondérables, bref, tout ce qui peut décourager, depuis l'attaque de pucerons sur le rosier jusqu'à la guerre déclarée par l'État voisin. Et l'humour, ça marche !

Une fois identifiées les composantes nécessaires qui y préludent, l'idée de la bientraitance comme méthode du « faire au mieux en fonction de ce dont on dispose » est globalement admise, à travers les siècles et les contrées, par les diverses religions et philosophies, donc, par extension, admise par tous. Admise, mais pas forcément adoptée et encore moins pratiquée.

Le « faire au mieux » commence dès l'enfance par « Mais si, tu peux le faire ! » (marcher, puis tenir sur le vélo, puis nager, etc.). Cette assertion est rapidement renforcée par le « Peut mieux faire » inscrit en rouge sur le bulletin scolaire. Plus tard, au début de chaque année, c'est le rituel des bonnes résolutions dont chacun de nous fait une liste plus ou moins longue et que, pour la plupart, nous ne tenons que quelques jours, au mieux quelques semaines. Au premier plan de ces bonnes résolutions vient le désir de « faire de l'ordre » dans les placards et dans l'existence mais, pour certains, cela est très difficile et, par conséquent, encore plus difficile à obtenir des autres…

Rendre immédiatement gratifiante l'attitude bientraitante auprès des chargés d'éducation (parents, grands-parents, nourrice, instituteurs, professeurs, moniteurs de sport, prof de musique, etc.) par des exemples qui surgissent quotidiennement : si ce livre ne servait qu'à ça, ce serait déjà très bien ! L'effet immédiat de la bientraitance devrait nous inciter à en multiplier les expériences.

« Tu me plais, je te plais… Si on faisait un enfant ? »

« Perpétuer l'espèce, c'est faire des enfants. Et, pour faire un enfant, il faut de l'amour ! » Soit. Mais c'est quoi, l'amour ? Surtout, quel est l'instant précis où ça commence ? Quand on se dit : « Je t'aime » ? Quand l'un dit à l'autre : « Je veux vivre avec toi » ? Ou quand les deux s'accordent pour garnir le berceau ? L'amour, c'est tout ça, bien sûr ; mais avant ces étapes conscientes, c'est d'abord un processus mystérieux, complexe et implacable qui pousse deux êtres étrangers à se mêler l'un à l'autre puis à s'emmêler l'un dans l'autre pour se multiplier. Nous l'avons vu, l'énergie première est la vie elle-même. Par des hasards imprévisibles nécessaires, elle dote tel individu de phéromones susceptibles de chatouiller les capteurs olfactifs de tel autre individu rapidement troublé. Non contente de cela, elle dote le premier d'une usine à spermatozoïdes, le second d'une usine à ovules, et s'arrange pour que ces semences soient compatibles. Il arrive que Dame Nature se trompe, mais finalement c'est assez rare. À l'origine d'une rencontre amoureuse, il y a donc un dialogue inconscient entre deux messages odorants infiniment subtils. Simultanément ou successivement, le dialogue s'amplifie entre deux regards, deux voix, deux épidermes. Après… que se passe-t-il vraiment ? Est-ce d'être civilisé qui incite les deux êtres à justifier leur réciproque attirance hormonale par des accordailles cérébrales et sociales ? Ce n'est pas l'objet de ce livre, mais il semble hautement bientraitant de déculpabiliser celles et ceux d'entre nous qui ont succombé à une attirance irrépressible par une étreinte sans lendemain, à plus forte raison si cette fusion fugace s'est révélée féconde. Les enfants ainsi nés ne sont ni plus moches ni plus bêtes que les autres. Ils ont même toutes les chances de se développer aussi bien que les autres si la mère met ensuite un bémol à ses pulsions hormonales primitives pour laisser son cerveau rationnel guider son choix du père de substitution. Cela étant, déculpabiliser ne signifie pas encourager à se conduire comme des bêtes…

Étant donné que, depuis l'avènement – très récent – du mariage d'amour, la plupart des individus s'unissent par désir vrai, il semble utile de rappeler brièvement les lois physiologiques qui président à leur union. Pourquoi ? Parce que ce sont ces mêmes lois qui présideront aussi sûrement à leur éventuelle désunion ultérieure. Le but de la bientraitance étant de favoriser la naissance, l'enracinement puis l'envol d'individus capables de reproduire le tout un peu plus tard, il est préférable de les concevoir, si possible, dans de bonnes conditions, c'est-à-dire en faisant des choix éclairés et conséquents. Cette fille qui m'attire si fort, est-ce qu'elle m'attirera autant si, dans deux mois, elle m'annonce qu'elle va faire de moi un papa ? Ce garçon si plaisant, est-ce que je lui reconnais déjà implicitement des droits sur mes futurs enfants ? Enfin, nous sommes aujourd'hui amoureux, heureux ; nous nous plaisons ; notre désir de vivre ensemble a beau être légitime, est-ce que cela va perdurer ? Est-ce que chacun de nous saura évoluer au bénéfice de soi, de l'autre et de l'enfant à venir ?

Fastidieuse litanie de questionnements ! Fastidieuse mais nécessaire, et probablement insuffisante. Au risque de décevoir les romantiques, si le phénomène qui pousse deux êtres l'un vers l'autre est d'abord un sacré coup de chance, ce qui va cimenter la relation entre eux en lui donnant de quoi se pérenniser dépend d'un certain nombre de facteurs chimiques : hormones, neurotransmetteurs et autres. Quels que soient vos sentiments et votre certitude d'être un cas unique, c'est ainsi depuis quelques millions d'années. L'ocytocine, par exemple, est un neurotransmetteur très impliqué dans la perpétuation de l'espèce ; c'est grâce à et à cause d'elle que chacun d'entre nous peut, à tout moment, tomber en extase devant un être insipide et le parer de toutes les qualités. En suscitant le désir physique, c'est elle qui assure le meilleur taux de natalité. Si ses effets sont observables sur une période d'environ dix-huit mois, c'est pour laisser le temps de fabriquer un ou deux enfants, c'est-à-dire de quoi assurer au moins une suite vive au couple, aux deux êtres qui ont fusionné sous ses effets. Après cette période, des endorphines prennent la relève afin de maintenir le couple le plus mal assorti en état de semi-béatitude. Hélas, pas très longtemps. Ensuite, le piège hormonal se desserre. Il est évident que si, après le coup de foudre ocytocinique du début, les deux individus n'ont aucune raison affective, intellectuelle, sociale, voire financière d'être ensemble, ils vont rapidement se séparer. Les autres, pendant environ quatre années, vont bénéficier d'une imprégnation hormonale très agréable. Phényle, éthyle et anamyl, entre autres, sont les ingrédients de base d'une harmonie heureuse. Et ensuite ? Après, si le sentiment amoureux est authentique, la vie du couple s'écoulera de façon agréable. Pour d'autres, les années passées ensemble pourront constituer une sorte de ciment puisque l'habitude de l'autre, le mimétisme entre les deux individus et les intérêts divers qu'ils ont en commun vont faire office d'attachement.

Tout cela devrait nous inspirer un grand sentiment d'humilité, quand on songe au peu de pouvoir de décision qui nous reste. Mais peut-être pensez-vous que j'exagère, et vous n'avez sans doute pas tort de penser que si l'on se posait toutes ces excellentes questions, le taux de renouvellement des générations aurait peu de chances d'être atteint !

« Il est tard dans nos vies mais… pourquoi pas ? »

Tandis que certains procréent très jeunes et très vite, d'autres ne deviennent parents que fort tard. Il peut y avoir plusieurs raisons à ce décalage. Parfois, la femme a d'abord investi son temps et son énergie dans l'élaboration de sa carrière. D'autres fois, il s'agit pour le couple d'une nouvelle union après un divorce ou un veuvage. Enfin, ce peut être « la faute à pas de chance » : un homme infécond, une femme aux ovaires paresseux, etc.

Les hommes peuvent être pères jusqu'à un âge très avancé, et les progrès médicaux permettent désormais aux femmes de concevoir nettement plus tard que naguère, voire au-delà de la ménopause. Comme souvent, le progrès devance les mentalités et, dans ce cas précis, les formidables possibles se heurtent à d'étranges indignations. En effet, si depuis toujours la société pose un regard attendri sur les hommes qui deviennent pères à soixante-dix ans, la même société regarde avec une bien étonnante méfiance les femmes qui décident d'en faire autant. Le désir d'enfant étant naturel, même un couple âgé peut le revendiquer légitimement. D'ailleurs, reçus séparément par l'obstétricien, cet homme et cette femme avouent l'un et l'autre vouloir combler leur partenaire : « Il (elle) serait tellement heureux (heureuse) ! » C'est un objectif bientraitant que d'accepter une telle responsabilité dans le but de favoriser l'épanouissement de l'autre. Chacun a le droit de faire ce qu'il désire, d'autant que le progrès l'y autorise et, finalement, l'y encourage ; cela, bien sûr, dans la mesure où les risques sont pris et acceptés en conscience et en toute connaissance de cause.

Avant d'imaginer devenir parents à l'âge d'être grands-parents, il serait sans doute bientraitant d'envisager l'enfant avec gravité et lucidité.

Un couple de quinquagénaires est tout à fait capable de s'occuper d'un bébé, mais ces deux parents seront-ils capables, à soixante-cinq ou soixante-dix ans, d'affronter l'adolescent que deviendra ce bébé d'aujourd'hui ? Les enfants devenant de plus en plus précoces, tant physiologiquement que psychologiquement, la distance entre l'enfant de quinze ans et ses parents de soixante-dix ans ne sera plus d'une mais de deux, voire de trois générations. Lorsque cet adolescent préparera le baccalauréat, ses parents seront déjà en retraite depuis dix ou quinze ans. Même actifs et pourvus d'une étonnante jeunesse de caractère, ces deux « seniors » risquent peut-être de se sentir démunis face aux tourments d'un jeune confronté à une vie dont les rythmes et les rites ne seront plus du tout ceux qu'ils ont connus et maîtrisés dans leur propre jeunesse. Mais, vis-à-vis de l'enfant, qu'en est-il ? Nul ne songe ni ne peut l'interroger.

À cela, on peut opposer que naître d'un couple de jeunes parents ne protège pas de tout ; un simple refus de priorité transforme un gamin en orphelin ; une incompatibilité d'humeur entre ses parents en fait un enfant déchiré. Soit. Mais, ces possibles accidents de la vie sont imprévisibles et on peut toujours ne les imputer qu'à la seule malchance. Une démarche bientraitante est celle qui prend en compte les droits de l'enfant et non pas le droit à l'enfant que revendiquent les adultes.

« Nous serons bientôt parents »

La grossesse est annoncée ! Cela va demander aux parents une somme d'énergie considérable, une complète réorganisation de leur existence sur tous les plans, mais quel merveilleux investissement pour l'avenir !

Dans *Le Petit Prince* de Saint-Exupéry, le renard explique au Petit Prince que l'on aime ce dont on s'est occupé, ce avec quoi on a créé des liens. Or, indéniablement, ces liens existent entre un fœtus et la femme qui le porte. Même si ce n'est pas elle qui élèvera l'enfant ensuite (par exemple, dans le cas d'un accouchement sous X ou du décès prématuré de la mère), elle crée à son insu un relais privilégié et subtil entre le fœtus et le monde extérieur. Le son de sa voix, les caresses de ses mains sur son ventre, les émotions qu'elle ressent en résonance avec le bébé et les vibrations de son entourage sont autant d'échanges essentiels pour la venue au monde du futur enfant et sa faculté d'adaptation à ce monde. On ne mesure l'importance de tels échanges que par l'observation des déficits dont souffrent les prématurés en couveuse. Ceux-ci bénéficient pourtant de tous les soins nécessaires à la survie physique. Soins bienveillants, compétents mais, malheureusement, insuffisants. La bientraitance n'est pas faite que de compétence et de bienveillance ; elle est aussi humilité. Et, à propos des enfants nés très prématurément, il arrive que les parents attendent pour leur donner un prénom… par peur de n'avoir pas l'occasion de les appeler, probablement. Or, quel que soit le temps de vie d'un enfant, une heure ou cent ans, il devrait se savoir attendu, espéré, donc, entre autres marques d'attention, prénommé…

« Quel prénom lui donner ? »

Fréquemment, c'est dès sa propre adolescence que la jeune fille, avec ses copines, établit la liste de tous les prénoms possibles pour ses futurs enfants. Un peu plus tard, à l'annonce de sa grossesse, elle reprend cette liste en y retranchant les prénoms qui évoquent de mauvais souvenirs et en y ajoutant ceux glanés çà et là au hasard de ses lectures, des personnages qu'elle a aimés, etc. Le père, puisqu'il est homme avant tout, se penche plus tard sur la question, souvent après le troisième mois de grossesse – peut-être parfois, inconsciemment, pour conjurer la peur d'une fausse couche. Quoi qu'il en soit, si le choix d'un prénom mobilise l'imaginaire des parents, ce n'est pas une décision anodine. De trop nombreux enfants ont du mal à prendre place dans leur vie à cause d'un prénom porté comme un fardeau. Par exemple, celui qui a reçu le prénom d'un frère mort avant sa propre conception a l'impression de n'être qu'un produit de substitution, de n'être jamais à la hauteur de celui qui, s'il avait vécu, aurait été forcément plus… tellement plus…

Les employés de l'état civil n'ont plus le droit de refuser un prénom lors de la déclaration de naissance. Est-ce vraiment un bien ? Ils sont parfois pris d'un malaise profond en inscrivant sur le grand registre des Ikea ou autre Mercedes Benz ! Au-delà de l'anecdote, c'est un poids très lourd que ces parents s'apprêtent à faire peser sur toute la vie de leur bébé à peine né.

Dans le cas de prénoms prestigieux ou tirés de séries américaines, on peut se demander si cet enfant est vraiment investi pour ce qu'il est, ou enfermé dans une obligation de réussite sociale. En superposant le modèle *people* et l'enfant en devenir, ses parents le figent dans un rôle préformaté qu'il aura beaucoup de mal à assumer, surtout si son caractère est à l'opposé de ce qu'on lui suggère d'être.

Si ces parents croient tout de bon agir pour le bien de l'enfant, ce ne peut être, dans leur esprit, que la résurgence d'une forme d'esprit magique. Prénommer des milliers de petites filles Marilyn entre 1955 et 1960, c'était vouloir doter ces futures femmes d'une beauté à couper le souffle, donc d'une réussite sociale… Leurs mères l'ont-elles bien vécu, en 1962, à la mort de l'actrice ? Et qu'en pensent aujourd'hui celles qui, ainsi dotées, ont dû parallèlement assumer un physique moins… convenu ? Se prénommer Marilyn quand on ressemble à Pauline Carton implique un solide sens de la repartie.

Avant l'usage et l'« abusage » des prénoms de stars et de séries télévisées, il existait des codifications propres à chaque famille et ce n'était guère mieux : ici, la deuxième fille portait obligatoirement le prénom de la grand-mère maternelle… Pauvre Cunégonde ! Là, le premier fils portait celui du grand-père paternel, et avec lui tous ses cousins nés en seconde position… « Charles ! C'est l'heure de la dictée ! » Trois ou quatre gamins se précipitaient au prénom devenu cri de ralliement. Dans telle autre famille, le saint du jour de naissance avait la préférence… Que de souffrances pour les petits Eusèbe, Eulalie, Chrysostome et Fête Nat !

Bien sûr, chacun d'entre nous dépose un peu de lui-même et de sa propre histoire dans la corbeille magique du prénom de son enfant. C'est naturel, touchant, pas malfaisant, mais cela fait parfois penser à ces vêtements que seul l'aîné a portés neufs, et que les autres usent jusqu'au-delà de la trame. Ce serait extraordinairement bientraitant d'offrir à tout enfant un prénom qu'il puisse s'approprier librement, pleinement, comme s'il était le premier à l'habiter. Certaines mères disent avoir entendu le prénom pendant la gestation, comme si l'enfant lui-même le lui suggérait. Pourquoi pas ? D'autres offrent un choix possible en adjoignant au prénom officiel quatre ou cinq prénoms de rechange ; le premier écrit sera seul officiel, mais l'enfant pourra à tout moment se choisir un prénom d'usage.

Enfin, un prénom se choisit en fonction du nom de famille… Est-ce vraiment bienveillant et respectueux d'affliger un enfant d'un prénom qui fera se tordre son entourage ? Laissons aux employés de bureau qui s'ennuient les affligeantes devinettes : « Monsieur et Madame Cussonnais ont un fils… » D'ailleurs, ces devinettes vont vite devenir obsolètes car la loi hésite, décrète, se ravise, se tortille…

AU NOM DU PÈRE, DE LA MÈRE OU DES DEUX ?

Comme en dictature, quand tout est imposé, il n'y a pas de complication ; en revanche il y a frustration. Comme en démocratie, la liberté de choix que l'opprimé réclame bruyamment en toute occasion peut être une source de conflits et de tergiversations sans fin.

La loi qui autorise l'individu à adjoindre le nom de sa mère à celui de son père (à la façon des Espagnols) suscite de surprenantes réactions, surtout de la part des hommes. Les journalistes s'amusent déjà de tous ces patronymes qui, génération après génération, pourraient se surajouter ; quant aux notaires, ils sont atterrés par les complications que ce double nom va générer dans les recherches généalogiques d'ascendants et de descendants.

Les femmes, malgré la grande déferlante féministe des sixties, ne se pressent pas d'accoler leur nom de jeune fille au nom de leur mari. Pendant de longs siècles, elles ont souhaité rendre leur homme père, puis que ce père accepte et reconnaisse comme sien chacun des enfants qu'elle portait. Qu'il donne son nom aux enfants fut longtemps une victoire féminine puisqu'il témoignait ainsi de la confiance qu'il faisait à son épouse.

À l'inverse, pendant très longtemps, l'enfant doté du seul nom maternel était d'emblée « reconnu » par la société comme un enfant bâtard. Un mal né.

Prendre un nom, c'est s'inscrire dans une lignée et s'en attribuer les caractéristiques. Là où il n'était question que de patrimoine, il s'agit désormais d'un lien entre le nom et une fonction psychologique structurante. Le pouvoir absolu du père sur le nom des enfants doit à présent être partagé avec la mère. Cela serait sans grande conséquence si, au moment de devenir parents à leur tour, les enfants porteurs du double nom ne devaient choisir lequel conserver, donc quelle lignée transmettre à leurs propres enfants. Bien qu'il s'agisse d'un combat légitime des femmes qui, depuis des générations, n'étaient plus elles-mêmes que Madame Jean Dupont dès lors qu'elles se mariaient, il est à craindre que, dans les années à venir, se jouent bon nombre de conflits de loyauté : reconnaissance de la lignée de l'un CONTRE la lignée de l'autre !

La bientraitance consisterait sans aucun doute à se rappeler les raisons qui ont conduit chacun des partenaires à vouloir cet enfant ensemble. Pourquoi l'avoir choisi(e) lui (elle) pour devenir son père (sa mère) ? Et à ne rejeter aucun des aspects de ce qui le (la) fait être lui (elle), à commencer par son nom.

LA COUVADE DES PÈRES

En plus d'une aventure formidable, les neuf mois que la grossesse va durer sont un parcours initiatique. Les transformations infligées au corps et au mental de la mère sous l'effet des hormones maternelles vont, chaque jour, préparer cette femme à devenir une maman. Pour ce qui est du père, son rôle était, jusqu'à une époque toute récente, très distinct de celui de la mère…

Au commencement de l'humanité, les hommes n'imaginaient pas être concernés par le phénomène de la grossesse ; quelque chose se passait dans le corps des femmes et cela aboutissait à la naissance d'un enfant. Pour cette raison, les femmes étaient considérées comme des semi-divinités, donc traitées avec un immense respect.

Beaucoup plus tard, quand les hommes ont compris leur rôle actif dans la procréation, tout a changé. Et ce changement fut d'autant plus radical que l'on a longtemps cru que l'enfant était entièrement contenu dans la tête du spermatozoïde. Ne représentant plus rien d'autre qu'un vase où l'homme pouvait répandre la virile semence, la femme est devenue complètement dépendante de l'homme et inférieure à lui.

Les hommes des générations précédentes se considéraient comme l'enceinte fortifiée capable de protéger le château fort du corps féminin où se développait l'héritier.

Aujourd'hui, nous vivons dans une société de partage ; l'homme et la femme souhaitent une parentalité conjointe et activement partagée. Les jeunes pères modernes cherchent au fond d'eux-mêmes de quoi alimenter et concrétiser ce partage. Certains somatisent jusqu'à éprouver fantasmatiquement la grossesse de leur compagne. Frustrés de ne pas ressentir cette nouvelle vie dans leur propre corps, ils s'arrondissent et manifestent des symptômes assez proches de ceux des femmes enceintes : nausées, vomissements, appendicites, etc. Ce phénomène de couvade s'observe en particulier lors de la première grossesse, cette grande inconnue. Ces pères couveurs existent dans toutes les couches de la société et ne répondent à aucun type psychologique particulier.

Chaque homme se sent père à un moment différent. Les uns se sentent investis d'une haute mission paternelle dès l'annonce de la grossesse ; d'autres ressentent la première grande émotion à la première échographie. Il y a des hommes pour lesquels la grossesse n'évoque pas grand-chose d'autre qu'une période désagréable de cohabitation houleuse auprès d'une compagne imprévisible ; parfois, cette désaffection peut faire craindre une rupture. Pourtant, il arrive que ces pères craquent et fondent de bonheur et de fierté au moment de la naissance. Enfin, des hommes peuvent ne rien ressentir du tout, au point parfois de culpabiliser. Le déclenchement se fait plus tard, lorsque l'enfant prononce le mot « papa », ou même beaucoup plus tard, lors de la séance d'apprentissage du tricycle.

Si, depuis toujours, l'entourage s'est révélé naturellement bienveillant et attentionné envers la mère, la place que tenait le père depuis la nuit des temps ne lui garantissait que les « bravo » des autres hommes autour de lui. Bientraiter la grossesse aujourd'hui, c'est aussi se montrer attentionné et compréhensif envers le père. Par exemple, ne pas éclater de rire s'il vomit le matin dès la lecture du premier test de grossesse de sa femme ; ne pas pouffer non plus s'il soulève son tee-shirt pour vous montrer ses vergetures imaginaires.

Depuis des millions d'années, des hommes fécondent des femmes et des femmes mettent au monde des enfants. Considéré à l'échelle de l'humanité, c'est sans doute l'événement le plus banal qui soit. Envisagé sous l'angle de la bientraitance, il importe de garder à l'esprit que, pour cette femme et cet homme, c'est l'événement majeur de toute leur existence. Peu importe que l'on ait entendu leur discours cent fois prononcé par d'autres ; prêtons à ces êtres uniques une oreille vierge et partageons sans bâiller leur légitime logorrhée. Tour à tour bouleversant, inquiétant, enthousiasmant, angoissant, désopilant, le temps de la grossesse met à vif les sentiments les plus secrets et les espoirs les plus fous de cet homme et de cette femme. Qu'ils nous élisent un instant comme confidents de leurs tendres galimatias doit nous honorer et nous inciter à beaucoup d'indulgence.

Ce n'est pas parce qu'on ne maltraite pas qu'on bientraite

La bientraitance, c'est ce petit plus qui fait toute la différence, ce petit détail infime qui fait de l'AUTRE, quel qu'il soit, un individu respectable dont les besoins et les désirs sont entendus et pris en compte.

Si nous faisions défiler, comme dans un rêve, toutes les étapes de la vie d'un individu, depuis sa conception jusqu'à sa disparition, et que nous les examinions de près comme dans un film de Frank Capra, nous aurions là, sous les yeux, toutes les occasions ratées de donner à cet homme ou à cette femme ce qu'il ou elle était en droit d'attendre de la vie. Et, au commencement de cette longue série de rendez-vous manqués, il y a trop souvent le rendez-vous manqué infligé au nouveau-né par ses propres parents qui, évidemment, sont loin de se douter des conséquences de leur attitude...

Trop d'adultes ignorent encore que le bébé est une personne. Or, ces grandes personnes sont d'anciens bébés que la même ignorance a autrefois relégués au rang d'ébauches. Dommage qu'ils ne s'en souviennent pas. Tout attendris et remplis de bonheur qu'ils sont à l'arrivée d'un bébé, beaucoup de jeunes parents pensent encore qu'il faudra attendre quelques semaines, voire quelques mois, avant de pouvoir véritablement communiquer avec lui. Malgré les formidables progrès réalisés en matière de psychologie de l'enfant, malgré les connaissances de plus en plus précises de son développement, peu de parents savent combien leur tout petit bébé est compétent dans de nombreux domaines.

À voir ce nourrisson si fragile, il est difficile de l'envisager déjà comme un être de communication qui, très vite, va mettre en place toute une gamme de mimiques et de signaux destinés à nous faire comprendre ses émotions et ses désirs.

À trop croire qu'un nourrisson n'a besoin de réponses qu'à ses fonctions vitales (boire, manger, évacuer, dormir), on risque de passer à côté de moments de pur bonheur, car il s'agit bien de vrais échanges. Il suffit de bien observer un bébé à un moment quelconque de la journée : qu'il tète ou barbote dans son bain, si vous captez son regard, il ne vous lâche plus. Tous les parents en font l'expérience. Pourquoi, en ce cas, continuent-ils de croire que « ça ne veut rien dire » ? Parce que cet échange, qui demande au bébé une énergie considérable, ne dure que quelques secondes. On a longtemps prétendu que les nouveau-nés ne voyaient rien ; c'est faux. S'il leur faut en effet quelques semaines pour distinguer les couleurs, les expériences cliniques prouvent qu'un bébé de 48 heures reconnaît déjà le visage de sa maman.

C'est en sollicitant tous ses sens que l'on parvient à communiquer le mieux avec lui ; d'ailleurs, les bébés adorent les massages. Le caresser le rassure et, en sollicitant sa sensibilité épidermique, lui permet de s'approprier son corps en même temps que l'espace qui l'entoure. Par ce contact avec la main adulte, il prend en même temps conscience du corps de l'autre, c'est une étape importante dans le processus de socialisation.

Certains adultes ont du mal à parler avec un nouveau-né parce qu'ils croient ridicules de bavarder avec « quelqu'un qui ne comprend rien ». Or, s'il est presque certain qu'un nourrisson ne comprend pas le sens des mots prononcés, il est tout à fait sûr qu'il en perçoit l'intonation et en saisit très rapidement l'intention.

En fait, chaque individu a un mode interactif qui lui est propre. Sans s'en rendre compte, par sa taille, sa posture, sa manière de regarder le bébé, de lui parler et de le toucher, il raconte et explique quelque chose de lui-même à l'enfant. En retour, celui-ci donne une réponse orale et corporelle qui est propre à cette relation.

Qu'est-ce que communiquer avec un bébé ? C'est le regarder en le voyant, l'entendre en l'écoutant, l'aborder en comprenant sa demande, et ainsi l'assurer de notre présence bienveillante, aimante et inconditionnelle.

Les progrès de la médecine permettent d'accueillir les enfants dans des conditions de sécurité inenvisageables il y a encore quelques décennies. Lors de son irruption dans la nécessaire violence de notre univers de lumière, d'air et de bruits, le bébé est immédiatement lavé, pesé, mesuré ; ses réflexes sont examinés avec soin et personne ne songerait à s'en plaindre. Cependant, puisqu'il est ici question de bientraitance, il nous faut aller chercher plus loin dans notre capacité d'accueil. En tout premier lieu et à jamais, imprégnons-nous de cette grande vérité : le bébé est déjà une personne à part entière. Adressons-nous à cet enfant de la même façon que nous recevons un invité impatiemment attendu : « Bonjour, petit, et bienvenue sur la Terre ! » Donnons-lui le temps de se reposer d'un voyage qui fut long, d'une naissance aussi éprouvante pour lui que pour sa mère. Enfin, évitons de porter d'emblée sur lui un regard prédictif dont il aura bien du mal à se détacher. Choisissons les mots employés pour parler de lui en évitant le prédictif qui enferme, par exemple : « Ce ne sera jamais un gros dormeur ! » Son cadre de vie a été préparé avec soin pendant les mois qui ont précédé sa naissance ; veillons à lui offrir plus qu'un joli papier peint et de douces peluches. En plus de l'amour, donnons-lui déjà les marques du respect auquel il a droit.

L'évolution d'un être humain dépend beaucoup des rencontres qu'il va faire et des situations qu'il aura à affronter ; or, cela est tout sauf prévisible. Une bonne prédiction n'est nécessaire que lorsqu'elle permet une anticipation. On sait que certaines situations vont faire courir un risque à l'enfant qui y est exposé. Répertorier ces situations est tout à fait nécessaire, mais que va-t-on faire de la liste ainsi établie ? La prévention demande des moyens. On sait, par exemple, qu'une jeune femme venant d'accoucher peut vivre un épisode dépressif qui va l'empêcher de donner à son bébé les soins dont il a besoin ; or, savoir que ce baby blues commence autour du troisième ou quatrième jour n'empêche pas certains responsables de maternité de laisser les femmes repartir deux jours après l'accouchement, ce qui est une grave aberration !

« Nourrir un enfant, ce n'est pas sorcier ! »

Non, ce n'est pas sorcier ; pourtant, la science des hommes parvient à faire de cet acte simplissime l'objet d'une controverse sans fin. La psychologie n'est bien souvent que l'application pratique du bon sens ; d'ailleurs, le premier des talents de Françoise Dolto était justement cette capacité à redonner du sens, à aller dans le bon sens.

Or, il semble que les professionnels de la santé perdent périodiquement leur bon sens. Parallèlement à ce que le progrès propose de prouesses technologiques « sur mesure », ses vendeurs imposent des modifications de comportement discutables, du prêt-à-porter bas de gamme. La question de l'allaitement, notamment, n'a pas fini de « progresser »...

Par exemple, en 1914, quand la main-d'œuvre a commencé à manquer dans les usines puisque la plupart des hommes valides étaient mobilisés, les professionnels de la santé, sur la base d'études très documentées (version officielle) et sur les conseils des gouvernants (version officieuse), ont convaincu les jeunes mères d'alors que le biberon était meilleur que le sein pour la santé des enfants. Or, à la fin de la guerre, quand les hommes survivants sont rentrés, il fallut cette fois convaincre les femmes de quitter les postes qu'elles occupaient depuis le début de la guerre – donc d'abandonner leur autonomie matérielle – et de retourner docilement à la maison. Sans vergogne, les mêmes professionnels de la même santé se sont alors appuyés sur d'encore plus nouvelles études qui démontraient de manière tout aussi irréfutable la grande nocivité du biberon et l'obligation d'allaiter si l'on avait un tant soit peu de conscience maternelle... La bientraitance servait la raison d'État. Mais qu'en était-il de l'enfant ?

Nourrir son enfant est le premier échange vital et fondateur de la relation entre sa mère et lui. Pour qu'elle soit de bonne qualité, cette relation doit être vécue dans le plaisir et le bonheur. C'est une aberration de nourrir son enfant au sein quand on a peu de lait, ou que le manque de sommeil chronique rend l'expérience invivable, ou encore que la douleur est telle qu'à chaque tétée, le ressentiment grandit et perturbe la relation. De la même façon, s'entendre dire qu'on s'y prend très mal et que, pour cette raison, l'enfant ne prend pas de poids et qu'il serait plus profitable de lui donner le biberon, est une blessure narcissique qui abaisse l'estime de soi en tant que mère et qui, pire encore, perturbe la relation entre la mère et son bébé. Quelles que soient les raisons que le corps médical ait de conseiller telle ou telle autre façon de nourrir le bébé (lait maternel peu abondant, palais du bébé malformé, etc.), la bientraitance implique de ne pas braquer ni culpabiliser la mère. Le choix du mode de nutrition se fait tout de suite après l'accouchement, c'est-à-dire à un moment où la jeune maman est particulièrement vulnérable et peu sûre de ses capacités maternantes. Une annonce maladroite la concernant peut être vécue comme la matérialisation de son indignité, de son inaptitude ; elle risque de retourner – sans le vouloir – son dépit et son aigreur contre le bébé. Certaines jeunes mères se détachent ainsi du nourrisson par peur de lui nuire.

Et le père dans tout ça ?

Certains sont très fiers de voir leur femme allaiter. Ce spectacle leur confirme l'excellence du choix qu'ils ont fait en s'unissant à cette femme puisque, dans l'inconscient collectif, une femme qui allaite est forcément une bonne mère.

D'autres pères profitent de la période de sevrage pour, à leur tour, nourrir l'enfant en donnant le biberon. Ils trouvent là le moyen de compenser les mois d'allaitement pendant lesquels ils se sentaient un peu rejetés et, surtout, inutiles.

Pour revenir au bon sens évoqué plus haut, le choix de chacun est tout à fait personnel compte tenu de son histoire et de ses attentes. On ne devrait plus entendre la réflexion de ce pédiatre devant une patiente exténuée qui, au bout de quatre mois d'un allaitement laborieux, lui demandait l'« autorisation » de passer son bébé au biberon : « Vous faites comme vous voulez, Madame, mais vous allez faire passer votre enfant de la Rolls-Royce à la 2 CV. »

Comment ne pas culpabiliser ?

Le doudou

Peu à peu, le bébé réalise que cette entité distincte qu'est sa mère peut, à tout moment, sortir de la pièce en le laissant seul. En faisant l'expérience de la solitude, il fait aussi celle de la peur d'être seul. C'est pour réguler cette angoisse qu'il cherche autour de lui un substitut à prendre contre lui, à toucher, à mâchouiller. Il ne choisit pas n'importe quel objet car la douceur, la chaleur et l'odeur d'une mère ne peuvent être remplacées, même momentanément, que par un objet doux, chaud et olfactivement familier : une peluche, un mouchoir, un bout de couverture, par exemple.

Trituré, sucé, frotté par le bébé à chaque fois que l'angoisse d'être abandonné s'empare de lui, le doudou prend vite un aspect misérable et une odeur nauséabonde… Dans un souci de « bientraitance hygiéniste », il est difficile de résister à l'envie de le laver ; pourtant il est préférable de n'en rien faire, car le parfum lavande, vanille ou fraîcheur printanière de la lessive va à coup sûr provoquer les hurlements désespérés du bébé qui n'y retrouvera pas ce qui le rassure. L'olfaction étant le plus grégaire des sens, immédiatement suivi par le goût, la lessive prive le bébé des deux tiers du bénéfice « doudou » ; le toucher seul ne suffit pas.

Quant à l'éventuelle perte du doudou, mieux vaut éviter ce drame, car c'en est vraiment un ; pour l'enfant, cela équivaut à faire disparaître la maman virtuelle…

Généralement, l'enfant abandonne de lui-même le doudou lorsque ses copains commencent à envahir la maison ; la crainte qu'ils se moquent de lui est souvent plus forte que son addiction au doudou. Toutefois, si le besoin se prolonge, que les parents se rassurent : cela n'empêchera pas l'enfant devenu grand de prendre son envol.

Deuxième partie

Grandir et se construire au sein de la famille

QUE FRANCHIR ET DE QUOI S'AFFRANCHIR POUR ÊTRE BIENTRAITANT ?

Dès la petite enfance, chacun de nous recèle une naturelle propension à vouloir de quoi se satisfaire tout de suite, donc une très naturelle répulsion à l'égard du verbe « attendre ». Il suffit d'entendre les hurlements de détresse d'un bébé qui a soif pour s'en convaincre. Quand on grandit, cette propension survit au dressage éducatif et social. Honteusement ressentie ou ouvertement affichée, elle perdure. Nous voulons encore plus de pouvoir, plus de territoire, plus de biens, plus de beauté, plus de gloire, plus de tout et, si possible, beaucoup moins de cette curieuse engeance que sont « les autres »...

Le « tout, tout de suite et pour moi d'abord » ne laissant guère de place à la réflexion ou à la négociation, les moyens les plus primitifs sont les plus efficaces : il s'agit de dominer par la peur, par la force et par la violence celui qui détient ce que l'on désire. Souvent, ça semble fonctionner puisque la satisfaction est immédiate ; l'autre est d'abord apeuré et intimidé. Pas très longtemps cependant. Les suites de cette stratégie primaire s'avèrent désastreuses. L'autre peut rapidement apprendre et renvoyer à l'expéditeur la même force ; au pire, il la retourne contre lui-même. Il n'y a pas, alors, de victoire, seulement une stupide et stérile entreprise de destruction.

Dans un premier temps, pour que l'individu réprime ses naturelles pulsions bagarreuses, il doit être aussitôt sanctionné. Cette répétition de conséquences systématiquement désagréables qui, à la longue, le détourne de son mauvais chemin, est l'un des objectifs de l'éducation parentale, scolaire et sociale.

Dans un deuxième temps, pour qu'il ne se contente pas de « ne pas mal faire », il faut que sa passivité soit vécue non plus comme confortable mais comme insatisfaisante et frustrante.

Enfin, dans un troisième temps, pour qu'il se bien comporte délibérément, son cerveau a besoin de récompenses immédiates : bonnes notes, félicitations, augmentation de ses plus-values sociale, matérielle, affective.

Chacun s'estime intelligent, généreux, compréhensif. À l'évidence, tous ne le sont pas à temps plein. Cependant, chacun souhaitant être considéré comme tel, il ne devrait pas être trop compliqué d'admettre que tous le souhaitent, à condition de prendre en compte leur besoin d'unicité : « Je veux la même chose que les autres mais… en mieux ! »

Depuis Platon, philosophes, humanistes, confesseurs, psychanalystes, psychologues, médecins, esthéticiennes, coiffeurs et amis font du mieux qu'ils peuvent – scientifiquement ou empiriquement – pour circonscrire les maux de l'esprit, les nommer, les réduire, les déplacer, les atténuer. La bientraitance apparaît elle aussi comme une succession d'ouvertures de la conscience : d'abord sur l'autre qui, obéissant aux mêmes pulsions que nous, peut être considéré comme semblable, donc être accepté, surtout si cet autre nous apporte ce que nous ne savons pas obtenir seul. Ensuite, c'est l'ouverture sur tous les autres, vers le très long terme, plus loin que soi ; c'est une sorte d'investissement posthume au bénéfice de sa propre descendance et de celle des autres puisque chacun sait avoir besoin d'un quota minimum de ces autres pour survivre. Pas d'œuf sans poule, pas de poule sans œuf, ni poule ni œuf sans éleveur, ni poule ni œuf ni éleveur sans cultivateur, etc. Ce que la bientraitance propose de nouveau, c'est de considérer d'abord ce qui, en l'individu, est reconnaissable positivement, donc glorifiable, comme étant constructif, positif, malléable et donc améliorable pour son propre profit ; par voie de conséquence, pour le profit de la communauté et, par extension, pour le maintien de la vie en général. En fait, plus que la gentillesse, la bientraitance est l'essence de la bonté vraie, c'est-à-dire qu'elle doit être suffisamment discrète pour ne pas susciter chez son bénéficiaire le sentiment d'être en dette. Elle vise à reconnaître les compétences de celui-là même qui en semble le plus dépourvu. C'est du bon sens. C'est aussi de l'humour, cette merveilleuse particularité humaine capable d'enseigner à l'autre ce qu'il est sans le blesser, donc d'induire en chacun l'envie de se bien comporter.

Le respect, ce n'est pas que pour les grands !

« Ne sois pas insolent avec ton grand-père ! Il est plus âgé que toi donc tu lui dois le respect ! » « Je t'interdis de parler de cette façon à Madame Michu ! Elle est notre voisine la plus proche ; tu dois la respecter ! » « Tu as dit à ton institutrice que sa jupe était coincée dans l'élastique de sa… et elle t'a punie ?… Eh bien ! Ça t'apprendra à lui manquer de respect ! » Autant de poncifs incompréhensibles pour le petit-fils dérangé dans sa toilette par le grand-père, pour la gamine bouleversée de voir la voisine chasser un chien perdu à coups de balai, pour cette autre qui, empathique déjà, a voulu éviter à l'enseignante la honte d'être vue en culotte. Il faut respecter les autres, bien sûr, mais pas seulement les vieux, les voisins, les enseignants. Il faut respecter tous ceux qui se comportent de façon respectable, à commencer par les enfants eux-mêmes !

Bientraiter, c'est, entre autres, respecter et enseigner très tôt aux enfants la notion du respect réciproque. C'est donc avant tout le faire bénéficier du confort que cette notion garantit. Qu'un enfant s'isole pour faire sa toilette prouve peut-être qu'il commence à SE respecter ; il y a donc lieu de s'en réjouir et non de s'impatienter. Qu'une petite fille s'indigne face à un acte malveillant, c'est la preuve qu'elle a intégré les notions primordiales du respect de la vie en général, y compris celles de l'aide qu'on doit apporter à son prochain, fût-ce un chien. Qu'une autre souffre pour son enseignante d'être ridicule à son insu prouve qu'elle a, justement, un respect profond pour cette femme.

Parmi les mille et une façons de bientraiter l'enfance, notre attitude respectueuse envers les très jeunes est non seulement indispensable, mais elle est aussi terriblement efficace. S'adresser à une enfant de sept ans insupportable en l'agressant – « T'as pas bientôt fini d'emm… tout le monde ? ! » – entraîne à coup sûr une attitude délibérément plus négative encore. En revanche, il sera immédiatement payant de se diriger calmement vers cette même enfant et de s'adresser à elle en ces termes : « Excuse-moi, j'ai du mal à comprendre ce qui se passe, je te crois intelligente et je voudrais sincèrement que tu m'expliques ce qui ne va pas. » Stupéfaction, incompréhension, bégaiement maladroit, excuse bafouillée sont les premières manifestations d'une profonde réflexion qui va s'étendre sur plusieurs heures, voire plusieurs jours, jusqu'à influer sur le futur comportement de l'enfant. On lui a parlé comme à une personne responsable. En se baissant pour se mettre à sa hauteur, on lui a fait comprendre qu'elle pouvait être « pas ordinaire » ; on lui a signifié, sans l'humilier ni la rejeter, qu'elle n'avait pas besoin de se conduire mal pour être intéressante... De quoi transformer un vilain petit canard en superbe cygne !

Et il y a fort à parier que la première personne adulte qui s'adresse à un enfant avec déférence (et sans rien en attendre pour elle-même) aura, pour sa vie entière, une place d'honneur dans le cœur de l'enfant. Il reconnaîtra à cette personne-là une autorité indiscutable. Puisqu'on vous dit que la bientraitance est payante !

L'AUTORITÉ PARENTALE : « VINTAGE » OU « TENDANCE » ?

En ce début de XXIe siècle, l'autorité parentale est devenue un mythe qui brille par son absence. Nous en parlons à mi-voix, comme d'une défunte. Nous la regrettons en évoquant sa disparition ou sa rareté. Nous la critiquions au temps de sa splendeur, dans un passé plus ou moins lointain. Nous la recherchons sans toujours la trouver, nous l'invoquons en espérant qu'elle n'ait pas totalement disparu. Nous tentons de la ressusciter mais, chaque fois, elle semble se dérober. Ou, quand on croit la détenir, ses manifestations sont décourageantes : trop réactionnelles et inadaptées ou, au contraire, si faibles qu'elles nous désespèrent ! Nous faisons appel à elle en désespoir de cause, quand tous les autres moyens semblent avoir échoué, et nous nous étonnons qu'elle n'obtienne pas plus de résultats satisfaisants... Comment est-on passé de la soumission la plus humble à l'expression la plus débridée ?

Autrefois, l'autorité parentale était surtout exercée par les hommes qui ne laissaient à personne ces bribes du pouvoir qu'ils détenaient encore. L'homme était LE chef de famille, LE père, rarement un papa ! Le concept d'autorité (et de toutes les mythologies qui s'y rattachent) était assimilé à la détention d'un droit absolu, justifiant l'exercice d'un pouvoir fait de contraintes, de coercitions et de violences possibles. Les pères, en possession de la « puissance paternelle », étaient censés détenir une force qui leur donnait le droit de punir, de sanctionner, de priver, de rejeter, de désavouer, d'obliger, tout cela appliqué souvent arbitrairement et impunément... Bien sûr, les modalités différaient selon le milieu socioculturel, mais on retrouvait quelques points communs : entre autres, un certain nombre d'obligations autour de droits à exiger et de devoirs à assumer. Parmi eux, citons :

– le droit, le devoir et la capacité d'interdire et de sanctionner, c'est-à-dire de provoquer du désagrément chez l'enfant par des privations, des interdits, de la douleur physique (la fameuse fessée) ou/et de la douleur psychologique (dévalorisation, culpabilisation...), de réprimander (sermonner, comparer et évaluer faisaient partie de l'arsenal de base de la réprimande) ;

– le droit, le devoir et la capacité de menacer, soit d'une punition, d'une sanction possible dans l'immédiat, soit d'un anathème pour l'avenir : la promesse d'une punition et même d'une catastrophe plus lointaine (ou même divine), avec des perspectives de vie humiliante, dévalorisante ou de déchéance.

Peu à peu, la responsabilité parentale a fait son apparition et d'autres devoirs sont venus corriger cet amoncellement de sanctions :

– le droit, le devoir et la capacité de récompenser, c'est-à-dire d'offrir certaines choses agréables, de donner du plaisir (pas trop quand même !) en anticipant ou en comblant des désirs, des aspirations ou des demandes. En promettant aussi des satisfactions à venir. Le droit de complimenter, en donnant à l'enfant le reflet d'une image positive, en mettant en avant et en valorisant un aspect particulier de sa personne, de son caractère ou de son comportement. Le droit de mettre en évidence une réussite, une capacité ou un résultat particulier ;

– le devoir et la capacité de soutenir et de dynamiser en apportant un appui, une aide spécifique, ou en favorisant un climat, un environnement stimulant, des encouragements et des moyens concrets pour une meilleure réussite.

Si, dans cet ouvrage, la notion d'autorité suit celle de respect, c'est qu'elles sont indissociables. Pour être à même de s'exercer efficacement et à long terme, l'autorité parentale doit être détenue vraiment, donc reconnue. Il ne suffit pas d'être habilité à l'exercer, encore faut-il qu'elle soit l'objet d'une confirmation implicite ou explicite de la part de celui sur lequel elle s'exerce. Sans cette reconnaissance, l'autorité n'est que du pouvoir qui ne s'exerce que ponctuellement, et qui peut donc être sans cesse remise en cause. Nous avons vu, justement à propos du respect, que se comporter de façon respectable et respectueuse envers un enfant garantit, mieux que toute autre technique de domination, l'ascendant souhaitable et nécessaire à la construction d'un cadre sécurisant.

L'autorité parentale doit être le merveilleux et rassurant balisage de la longue ascension vers l'âge adulte. L'enfant sent très vite la différence entre l'autorité exercée pour SON bien vivre et celle exercée pour le bien-être momentané de ses parents. Le chantage affectif du « Puisque c'est comme ça, je ne t'aime plus » ne peut que l'inquiéter, l'insécuriser et le rendre méfiant envers l'adulte. Quant à la punition sans commune mesure avec la faute – par exemple, déclarer : « Tu seras privé de télé pendant six mois ! » pour sanctionner un retard de cinq minutes au moment de passer à table –, les parents ne pourront bien sûr pas s'y tenir justement parce qu'elle est disproportionnée.

L'adulte n'est pas là pour se faire aimer de l'enfant mais pour l'aimer gratuitement, et l'élever, c'est-à-dire le porter au plus haut de lui-même. « [La professeur] pose sur moi un regard préoccupé, pénétrant et affectueux qui me révèle, une fois de plus, la finesse, la grande et pudique bonté que je sens toujours en elle… tendre ? Non, tout de même pas, et j'aime mieux qu'il en soit ainsi, c'est plus paisible, plus rassurant que ne soient pas franchies les bornes de la simple bienveillance », peut-on lire dans *Enfance,* de Nathalie Sarraute[1].

« Et la bonne vieille fessée, alors ? »

Penché sur le berceau du nouveau-né quelques années auparavant, aucun parent n'envisageait de devenir cet être excédé qui, à bout de nerfs et d'arguments, crie à la cantonade : « Moi, quand mon gamin ne m'obéit pas, je lui flanque une bonne fessée. » Surtout qu'à la question « Est-ce que cela marche ? » la réponse est pratiquement toujours : « Non. »

Si la fessée est toujours efficace pour soulager le fesseur, elle demeure obstinément inutile pour éduquer le fessé… Sur le fond, pourtant, puisque toute transgression met en jeu le corps en plus de la pensée, la punition doit mettre ce même corps à contribution. Mais pas n'importe comment. La fessée s'adresse bien au corps, mais sa soudaineté, ajoutée au fait qu'elle est souvent infligée en public, suscite une douleur physique et mentale incompréhensible, donc contraire au but pédagogique. « Une bonne fessée, ça va le dresser ! » De qui parle-t-on, d'un enfant ou d'un animal sauvage ? « Une bonne raclée chaque fois qu'il laissait son vélo dans le pas-

1. Nathalie Sarraute, *Enfance,* Gallimard, coll. « Blanche », 2001.

sage ! Maintenant, il le range dans le garage. Alors ? » Alors, c'était sur un chien que M. Pavlov expérimentait le conditionnement réflexe, pas sur un être humain censé comprendre, apprendre et transmettre. Bien sûr qu'une fessée inhibe tout de suite (et pour un temps relatif...) l'envie de réitérer la bêtise préalable mais, parce qu'elle est sans nuance et qu'elle s'abat sans discours, elle ne génère pas de vraie réflexion.

Bien des parents disent souvent : « J'ai reçu quelques bonnes fessées et je n'en suis pas mort. » Pourtant, il y a fort à parier qu'ils ne s'en souviennent pas non plus comme d'un acte hautement éducatif.

En revanche, une punition spécifiquement adaptée à la bêtise permet de réparer, le cas échéant, cette bêtise : le massif de fleurs ravagé par le passage de la voiture à pédales fournira à l'enfant fautif l'occasion de goûter aux joies du jardinage. Ce faisant, il évaluera très précisément l'effort fourni par celui de ses parents qui avait planté les fleurs dans ce massif. En mesurant sa sueur, il respectera celle des autres. Quand il sera un peu plus âgé, si son ballon casse un carreau, une visite chez le vitrier, suivie d'une initiation au maniement du couteau à mastic, l'incitera sûrement à jouer au ballon près d'un mur sans fenêtre.

Le « laisser-faire cool »

Loin, très loin de l'idée même d'une fessée, et en opposition systématique aux siècles de la toute-puissance parentale, on brandit et prône, en Mai 68, la plus cool des injonctions : « Il est interdit d'interdire ! » (ou, mieux traitant : « il est interdit d'interdire d'espérer ! »). Malgré le constat flagrant des dégâts qu'elle a provoqués, cette idée simpliste et infantile a fait du chemin. Non seulement elle n'est plus considérée comme révolutionnaire, mais elle est en train de devenir presque un diktat. Depuis quelques années, circule l'idée fausse que, pour que son enfant s'épanouisse, le parent doit le laisser entièrement libre et ne rien lui imposer. C'est le « laisser-faire cool ». Or, tout enfant a besoin de cadres et de structures sécurisants pour grandir. Enfant d'humain ou d'animal, le petit mammifère a le droit de jouer, d'escalader son père, de lui tirer les poils des oreilles, de se bagarrer avec ses frères et sœurs, de grimper sur le rocher pour voir ce qu'il y a derrière, MAIS, au moindre faux pas susceptible de le mettre en danger ou de mettre en danger le groupe, un grognement l'avertit de ne pas aller plus loin. S'il s'obstine dans la désobéissance, un fort coup de patte le ramène sans aménité à sa place.

Face au petit qui s'essaie à descendre tout seul un escalier, on entend ces nouveaux laxistes prononcer sereinement : « Il fera sa propre expérience et en tirera lui-même les conséquences. » Les mêmes ou leurs adeptes, tandis qu'une horde sauvage et hurlante envahit le séjour au beau milieu d'un dîner de famille, vous assènent un désinvolte : « Il faut les laisser s'exprimer ! » Et les convives adultes, n'ont-ils pas le droit, eux, d'exprimer leur indignation ?

Il y a une grande confusion entre « laisser faire » et « apprendre à faire ». Cela est remarquablement illustré par une étude, menée par l'université de Genève en 2006, qui met en corrélation la réussite scolaire des enfants et le mode d'éducation reçu.

Dans le cas d'enfants qui, élevés selon un modèle participatif, c'est-à-dire dans un environnement familial où on leur demande leur avis sur un grand nombre de sujets, où les vraies discussions familiales sont fréquentes, les enfants ont une bonne estime d'eux-mêmes. Lorsqu'il leur est demandé, à l'école, de résoudre un problème, ils mettent en marche toutes leurs facultés pour trouver une solution, et ainsi atteindre un objectif cohérent.

Dans le cas d'un modèle rigide où les décisions sont prises par les adultes, et au seul motif qu'ils sont des adultes, les enfants ont l'habitude d'appliquer des consignes et, de ce fait, s'investissent beaucoup moins dans la relation. Ils ne savent que répondre aux ordres, sans prendre d'initiative.

Quand la famille applique un modèle libertaire comme le « laisser-faire cool », les enfants, « condamnés », sous prétexte de liberté, à ne faire que ce qu'ils veulent quand ils le veulent, sont extrêmement angoissés puisque tout dépend d'eux-mêmes. Confrontés quotidiennement à des situations nouvelles et problématiques, ils donnent des réponses arbitraires, presque en urgence, puisqu'elles ne sont pas construites sur des réflexions préalables. Est-ce réellement les bientraiter que de les livrer ainsi à eux-mêmes ? N'est-ce pas plutôt les enfermer dans la geôle étriquée d'une liberté qu'ils n'ont pas eu le temps ni l'occasion de désirer ?

« Et la force m'est revenue parce qu'il obéissait sans sourciller. Nous autres, éducateurs, nous connaissons les principes : un enfant ne rechigne pas s'il est absolument sûr que son père a raison, et qu'ayant raison, le père ne cédera pas. Vos remarques, vos ordres, même s'il espère y couper, il les attend, il les estime ; il y trouve la preuve de l'intérêt que vous lui portez, bien plus que dans la faiblesse qui souscrit au caprice ; il aime au fond cette vigilance et vous reprocherait confusément de la relâcher alors que s'il ne comprend pas les raisons du châtiment, il aura l'impression d'une injustice et entamera alors une lutte qui entraînera de plus en plus profondément l'enfant dans des conduites de rébellion et l'enseignant dans l'escalade des sanctions », a écrit Hervé Bazin dans *Au nom du fils*[1].

---

1. Hervé Bazin, *Au nom du fils,* éditions du Seuil, 1965.

Il est vrai que le « métier » de parent n'est pas toujours de tout repos. La plupart du temps, on fait vraiment ce que l'on peut. Mais parler, partager, discuter, expliquer, même avec un enfant tout petit, et même si cela demande beaucoup d'énergie et de patience, est un investissement pour son avenir autant que pour le nôtre.

Les limites... Quelles limites ?

« Il est important de fixer des limites aux enfants ! » Parmi les poncifs récurrents concernant l'éducation, celui-ci tient une place de choix... Encore faut-il savoir ce qu'il signifie vraiment. Le mot « limites » suppose un certain nombre de comportements qui n'ont rien à voir les uns avec les autres.

Si l'expression « fixer des limites » signifie édifier un « contenant » qui va permettre à l'enfant de grandir en complète sécurité physique et psychique, alors oui, il est fondamental de lui donner des repères extrêmement stables.

Cependant, il faut tenir compte de NOS limites, celles qui sont personnelles à chacun d'entre nous et qui se confrontent et s'affrontent férocement surtout lors des réunions dites « de famille », générant des réflexions du type : « Si mon gamin faisait ça, il serait drôlement puni ! » Autant de subtilités qui doivent être expliquées à l'enfant afin qu'il retrouve une certaine cohérence dans l'éducation qu'on lui donne.

Enfin, il y a les règles de la société dans laquelle nous vivons et les codes sociaux que l'enfant met du temps à intégrer. Nous avons vu précédemment que ne pas donner de règles ni de limites à un enfant sous prétexte de liberté, c'est lui refuser le droit de s'insérer dans la société dans laquelle il vit. C'est aussi le priver de liberté, puisque seules les contraintes préalables en suscitent l'idée puis l'envie.

Dire toujours oui à un enfant lui donne tout de suite une impression de liberté, très fugace, qui devient rapidement inconfortable, au point de le plonger dans une profonde détresse. Ne pas intervenir quand il trébuche sur son trajet provoque un sentiment d'abandon, donc une envie irrépressible de faire encore plus de bêtises, cela afin de provoquer une attention vraie, même sous forme d'une sévère réprimande renforcée d'une punition.

Quant à l'enfant qui refuse systématiquement toute limite, il doit être considéré comme un être en souffrance, et il ne doit pas y avoir de limites, justement, à notre bientraitante patience pour le faire sortir de son isolement.

Apprendre les limites à un enfant est un travail qui doit commencer lorsque celui-ci est tout petit si l'on ne veut pas perdre tout contrôle quand viendra le temps de l'adolescence… Très tôt, le parent doit aller jusqu'au bout d'un interdit posé, car si on autorise par lassitude ce qu'on lui a interdit cinq minutes auparavant, l'enfant se trouve désorienté. Pire : il perd confiance en ce parent versatile, finalement peu fiable, et du même coup perd sa confiance en lui-même. Pour cette raison, l'adulte doit systématiquement s'interroger : « Pourquoi est-ce que j'interdis cela ? Et si ma fille contrevient à l'interdiction et que je lui promets une punition… serai-je capable de m'y tenir ? » En effet, à l'enfant insupportable qui fait un caprice sur le trottoir devant la vitrine d'un magasin de jouets, évitons de dire : « Si tu continues, je te laisse là et je pars sans toi ! » C'est une imposture que l'enfant ne mettra pas longtemps à démasquer. De même qu'il ne sera pas long à mépriser l'adulte qui, à ses yeux, s'est disqualifié.

Tous les parents rêvent d'offrir la liberté à leurs enfants ; or, la seule véritable liberté consiste à connaître ces différentes règles, à les respecter pour ce qu'elles garantissent de nécessaire considération mutuelle dans les rapports humains et à les utiliser à bon escient.

S'il arrive qu'un parent se sente débordé, il ne doit pas hésiter à demander de l'aide. Seule une écoute extérieure permettra de mettre en évidence les souffrances respectives de l'enfant et de l'adulte jusqu'à redonner sa place à chacun, pour finalement mettre bon ordre dans la cellule familiale. Un parent bientraité par un professionnel sera plus facilement bientraitant envers son conjoint et ses enfants…

Les bonnes résolutions : « Rangez la maison et je rangerai ma chambre ! »

Mettre bon ordre dans les esprits de la famille, c'est aussi mettre en ordre le cadre de la vie familiale. Il y a plusieurs degrés de désordre et cela se met en place très tôt. Nous-mêmes, qui prenons, à chaque début d'année, de bonnes résolutions de mise en ordre de notre existence, ne les respectons pas longtemps. Nous sommes donc, pour beaucoup d'entre nous, négligents envers notre lieu de vie, nos affaires, donc nous-mêmes. De quel droit exige-t-on de nos enfants et de nos ados qu'ils se comportent mieux que nous ? « Avec les enfants, c'est toujours la même chanson. Les grands leur interdisent tout ce qu'ils se permettent », remarque Yvan Audouard dans *Le Sabre de mon père*[1].

Faute de leur donner de la notion d'ordre un exemple probant et rentable (gain de temps, de place et d'énergie), ils ne voient dans cet acte de rangement qu'une contrainte arbitraire exigée sans raison apparente par les parents. Ainsi trouvent-ils là un moyen supplémentaire de rébellion qui tourne au rapport de force et rend la vie impossible à toute

1. Yvan Audouard, *Le Sabre de mon père,* Robert Laffont, 1999.

la famille. Le « Range ta chambre ! » impérieux, mais gravement contredit par le désordre des parents, est une hache de guerre déterrée et offerte aux enfants par ces parents contre eux-mêmes.

Quel que soit l'âge de l'individu, qu'il soit enfant chez ses parents, jeune homme chez sa fiancée ou vieille dame en son logis conjugal, lorsque l'on vit avec quelqu'un, l'envahir sans cesse de son propre désordre est un acte d'une très grande violence, semblable, parfois assimilable, à une volonté de prise de pouvoir sur l'autre, d'envahissement, d'engloutissement. C'est la conséquence d'un manque de considération pour autrui, c'est donc tout sauf de la bientraitance.

L'apprentissage du respect mutuel (dont on a vu qu'il est dû à l'individu tout autant que celui-ci le doit aux autres) passe obligatoirement par une démarche éducative habile et gratifiante :

– pour l'enfant, qui se soucie fort peu d'envahir l'espace d'autrui, il faut associer le rangement à un mieux être possible ;

– face à l'adolescent qui, lui, ressent le besoin de prouver que SON désordre lui appartient, on peut l'accepter dans l'enceinte de SA chambre ; en contrepartie et en toute logique, on n'y entrera sous aucun prétexte, ni passer l'aspirateur, ni changer sa literie, ni prendre son linge sale, ni déposer le linge repassé. En revanche, on interdira son précieux désordre dans les lieux collectifs de la maison, de l'école, du vestiaire de sport, etc. ;

– en ce qui concerne l'adulte, les choses se jouent différemment. Son désordre trahit parfois un besoin de s'affirmer, même au prix de la souffrance de l'autre. Mais attention, la souffrance de l'autre peut être une réponse démesurée si cet autre est une personnalité tatillonne qui ressent tout changement avec une grande anxiété et ne supporte pas même le déplacement d'un cendrier !

Il y a un degré de désordre qui doit inquiéter quand les objets prennent le pouvoir sur les êtres. Dans les pages d'un Arrabal ou d'un Kafka, cela confine au génie ; dans la vie réelle, cela relève du spécialiste qui, seul, peut apporter une aide véritable. À l'opposé, le même spécialiste pourra aider celui qui tyrannise son entourage par sa maniaquerie. Et aidant celui-ci, il aidera aussi son entourage. Parallèlement aux bons soins de ce thérapeute, n'oublions pas cette panacée qu'est le « bon sens » de l'humour…

Dans l'exemple précité, une fois admise l'évidence selon laquelle les enfants déjà grands et les ados ont besoin, par leur désordre, de prouver que l'endroit leur appartient, la bientraitance consiste, pour le parent, à considérer d'abord son propre désordre : est-ce une désinvolture chronique ? une prise de liberté ? une rébellion contre d'autres contraintes, très anciennes (mère autoritaire, père angoissé, études en pensionnat rigide, etc.) ? des contraintes actuelles au sein du foyer (conjoint maniaque, par exemple) ? des contraintes actuelles extérieures (vie professionnelle stressante, belle-mère ironique, etc.) ? Quelle que soit la réponse qu'ils donnent à cette recherche, les parents ainsi éclairés sur eux-mêmes sont plus enclins à permettre aux enfants une réponse similaire aux contraintes de leur propre vie (scolarité difficile, camarades tyranniques, piètres performances sportives, etc.). Les parents peuvent alors accepter le désordre personnalisant dans leurs chambres respectives, tout en interdisant aux enfants comme à eux-mêmes le désordre dans les lieux collectifs. L'ancestrale territorialité n'a de sens que dans la réciprocité.

L'humour est la seule arme qu'on puisse impunément retourner contre l'autre sans autre risque que celui d'égratigner son amour-propre. Oui, la bientraitance peut consister à infliger à l'autre ce qu'il nous inflige, à condition que ce soit avec mesure et humour : « TU t'es pris le pied dans l'anse de TON sac de sport que TU avais laissé par terre dans le salon et, en trébuchant, TU viens de casser le miroir qui M'avait été offert par une personne que MOI j'aimais beaucoup. Je récupère donc le miroir offert par ton copain dont tu te sers toi-même chaque matin pour te coiffer. Comment ça, tu ne l'as pas fait exprès ? Mais c'est bien TOI qui as laissé le sac dans le salon, non ? Ton intention n'était pas de casser mon miroir, je n'en doute pas, mais je trouve qu'il serait injuste que ce soit MOI qui arrive tous les matins mal coiffée au bureau, non ? Ce serait vraiment bien si, au lieu de ne pas le faire exprès, tu prenais l'habitude de faire exprès de ne pas mal faire, et même, de faire exprès de bien faire… d'accord ? »

Ici, la bientraitance est plusieurs fois rentable : bientraiter le sac de sport offre à l'enfant l'avantage de le conserver en bon état plus longtemps, et le ranger correctement lui épargnera une future chute, donc un futur dégât matériel, donc un incontournable préjudice à l'encontre d'un objet auquel il tient. À condition de ne pas gâcher cet acte finalement plein de santé par une bruyante explosion verbale, la leçon a toute chance de porter ses fruits longtemps. Cela est plein d'humour thérapeutique. Sans exemple appliqué, la théorie sous forme de promesse ressassée sans cesse mais sans suite n'a que fort peu de chances d'être intégrée. C'est un apprentissage du respect qui est dû à l'enfant, tout autant que du respect qu'il doit aux autres. Il faut associer le rangement à un mieux être immédiat : « Respecte notre territoire, nous respectons le tien. » Ranger son espace, c'est ranger son esprit, sa vie, donc se bientraiter. « Si tu ne souhaites pas te bientraiter en ce moment, c'est ton droit, nous refusons en revanche que tu nous maltraites. »

À partir de cet exemple, il est facile d'imaginer l'extrême rentabilité d'une attitude bientraitante en toutes occasions…

La fratrie : un champ de chamaille ?

Nous avons tous, enfouie quelque part dans notre imaginaire, la représentation d'une famille idyllique où chacun aurait sa place et où tous vivraient en harmonie. Pourtant, la réalité est tout autre : c'est à des bagarres incessantes entre frères et sœurs que sont quotidiennement confrontés les parents. Bien que ces affrontements soient maltraitants pour les parents qui ont mis cette fratrie au monde avec amour et enthousiasme, il est utile de rappeler que non seulement c'est normal, mais que c'est très sain. Notre éducation judéo-chrétienne ayant inscrit dans la mémoire collective la vieille malédiction d'Abel et Caïn, nous espérons la tenir à distance en empêchant les conflits à tout prix. Ces conflits sont d'autant plus douloureux pour les parents qu'ils ravivent ceux de leur propre enfance, selon la place qu'ils avaient eux-mêmes dans leur fratrie.

Ne perdons pas de vue qu'avant même d'être ces délicieux bambins souriants sur l'album des photos familiales, nos enfants sont des mammifères programmés pour défendre âprement ce qu'ils considèrent être leurs prérogatives territoriales et affectives. Profitons-en, d'ailleurs, pour nous souvenir que, chez tous les mammifères justement, le rôle des parents est d'observer du coin de l'œil, de laisser les forces et les faiblesses s'exercer et d'intervenir par un grognement (ou par des gros yeux et une réprimande verbale pour le mammifère humain), dès qu'une force s'exerce dangereusement aux dépens d'une fragilité ; si le petit dominant insiste, un bon coup de patte lui rappellera : « Qui c'est le chef, ici ? ! »

Quelle que soit sa place (chronologique, morphologique, événementielle) dans la fratrie, un frère ou une sœur est un intrus affectif et territorial qui va forcément susciter de l'agressivité. Permettre à cette agressivité de s'exprimer, c'est permettre à l'enfant d'affirmer sa place sans subir celle qu'on voudrait lui attribuer d'office. Lorsque les sentiments d'hostilité sont exprimés, cela permet de rechercher et de trouver une solution. Tous doivent vivre le mieux et le plus équitablement possible !

La non-intervention des parents conforte pour longtemps chacun dans ses rôle et place, bons ou mauvais : « Puisque mes parents n'interviennent pas, c'est que les choses doivent être ainsi. » S'ils interviennent en veillant à ce que ce ne soit pas toujours le même qui parle, non seulement les parents autorisent chacun à exprimer son point de vue, mais ils placent autour d'eux le nécessaire et précieux cadre rigide des limites à ne pas dépasser. Au-delà de ces limites, s'étend le champ des interdictions absolues : la violence physique avec la mise en danger de l'autre, et la violence psychologique si elle va dans le sens de l'humiliation de l'autre, surtout en public. Les parents peuvent aussi établir une fois pour toutes ces règles de bientraitance globale qu'on appelle le respect ; entre autres, que les repas, par exemple, sont toujours des moments où l'on dépose les armes, des lieux d'armistice.

Comme toutes limites imposées, elles sont transgressées « pour voir » et, quand ils voient, justement, l'intervention – même sévère – de leurs parents, les enfants se sentent rassurés, efficacement protégés contre leurs propres débordements. La crainte de l'irruption parentale sur le champ de bataille fraternel fait partie de ces peurs à la fois redoutées et espérées par les enfants.

« Même pas peur ! »

Tout ce qui fait peur est *a priori* envisagé comme une maltraitance, or, paradoxalement, les enfants recherchent les expériences terrorisantes.

Avoir peur protège et fait grandir. La peur est naturelle chez l'enfant. « La phobie est la névrose normale de l'enfant[1] », a écrit Freud. La découverte du monde est pleine d'incertitudes ; il y a recrudescence de peurs à chaque passage d'un état à l'autre, à chaque crise : la peur de la séparation et de l'étranger au huitième mois de la vie ; les cauchemars de la deuxième ou troisième année ; les angoisses liées à l'adolescence et aux transformations corporelles, etc.

Face aux peurs de nos enfants, nous sommes parfois effrayés nous-mêmes tant nous sommes impuissants à les apaiser ; cependant, rassurons-nous en gardant à l'esprit qu'un enfant qui n'a jamais peur se met en danger et évolue mal.

Les contes qui font peur servent à substituer la peur à l'angoisse, or la peur est beaucoup plus supportable. Si les enfants aiment tellement ces histoires effrayantes, c'est qu'ils expérimentent l'angoisse du récit bien à l'abri de leur chambre à coucher et rassurés par la présence de leurs parents dans la maison. C'est par procuration qu'ils vivent les émotions du héros et les dangers que celui-ci surmonte. Les parents bientraitants ont intérêt à lire ou à faire lire aux enfants ces histoires qui font peur, qui mettent en scène des conflits latents chez l'enfant : la fille doit épouser son père, la mère mange ses enfants, etc. Tout ce qui représente l'interdit est transgressé dans l'instant de lecture ; auprès de papa ou de maman, on a peur en toute quiétude et c'est un plaisir universel.

Bientraiter l'enfant qui a peur, c'est garder à l'esprit que la peur est souvent sans commune mesure avec son objet, qu'il soit réel ou imaginaire. Ainsi, face à l'attitude apaisante du parent, l'enfant s'apaise de même et apprivoise l'objet qui suscitait la peur. Toutefois, le parent bientraitant doit

1. Freud, *Introduction à la psychanalyse* (1916), Payot, 2005.

évaluer l'ampleur d'une peur car, lorsqu'elle s'installe jusqu'à devenir incontrôlable, il peut s'agir d'une phobie. La phobie est une substitution qu'opère l'enfant d'un danger extérieur précis, donc limité, à un danger intérieur grave (castration, dévoration, etc.), le plus souvent inconscient, sans limites, donc infiniment plus angoissant.

L'un des mieux traitants antidotes de la peur (peur de grandir, peur d'être abandonné, peur de vivre) demeure, bien sûr, l'amour sécurisant des membres de la famille. Mieux traitant encore est le sentiment amoureux réciproque…

Les amours de l'enfance ne sont pas infantiles

Toute histoire d'amour est un vecteur de socialisation, *a fortiori* pour un enfant. Être amoureux, c'est avoir envie de proximité, de rapprochement tactile, de don. C'est être plein d'émotions quand l'autre est là. Bientraiter un enfant amoureux consiste, avant tout, à le considérer non pas comme une miniature aux prises avec un sentiment miniature, mais comme un être petit tour à tour exalté et torturé par un grand sentiment. Ensuite, au lieu de soumettre l'enfant aux questions censées divertir l'entourage, les parents peuvent se remémorer ces mêmes instants de leur enfance, et réaliser que ces mêmes sensations les agitaient déjà à l'école maternelle. Et il est vrai que, à part le désir sexuel qui ne se développe qu'avec la puberté, le sentiment amoureux est ressenti presque identiquement tout au long de l'existence.

Un enfant amoureux s'engage totalement dans la relation. Il donne sans compter, mû par une force bouleversante. Il prend en général son histoire d'amour très au sérieux, et il importe en ce cas de ne pas se moquer de lui. Il importe aussi beaucoup, à l'inverse, de ne pas l'y enfermer en ressassant à tout moment : « Alors ? Qu'est-ce qu'il t'a dit aujourd'hui, Guillaume ? » Cette sollicitude empressée, mêlée de curiosité, ne serait pas bientraitante mais encombrante. Aimerions-nous, lorsque nous sommes amoureux, être passés à la question ? Voir nos proches rigoler ou s'emparer de notre histoire ? Bientraiter, c'est aussi savoir se mettre à la place de l'autre. Se mettre à sa place vraiment, et pas uniquement s'imaginer soi-même dans la même situation puisque, à l'évidence, nous n'y réagirions pas comme l'autre.

Rares sont les amours enfantines qui perdurent… Au moment de la rupture, il faut accompagner de toute la vigilance mais aussi de toute la discrétion possible l'enfant livré aux affres du chagrin d'amour. Bientraiter, c'est aussi porter un regard simultanément micro- et macroscopique sur un événement. Microscopiquement, le chagrin de l'enfant provoque naturellement l'envie, pour un parent, de vite l'en consoler ; toutefois, macroscopiquement, le parent doit pouvoir résister à l'envie de minimiser l'histoire en songeant que cette cruelle expérience est une excellente occasion, pour l'enfant, de découvrir que son désir n'est pas tout-puissant sur l'autre. Passé les premiers mois de vie, il n'est jamais trop tôt pour s'en convaincre. La détresse ressentie au moment de perdre l'autre est d'autant mieux gérable que l'enfant aura, préalablement, apprivoisé l'idée de la séparation, par exemple à l'occasion de ses premières vacances loin de ses parents…

La première séparation : en colo ou chez les grands-parents ?

En colonie de vacances

Les grandes vacances approchent. Pour certains enfants, ce sera un premier séjour en colonie de vacances. Forcément chargée d'émotion à la fois pour les enfants et pour leurs parents, cette première séparation peut cependant être vécue sans trop de stress et sans angoisse. Mieux, cette expérience peut s'avérer fort bientraitante à long terme. En immergeant l'enfant dans un groupe d'inconnus, en l'incitant à faire de l'inhabituel, à obéir à de nouvelles règles, cette séparation stimule ses facultés d'adaptation à telle ou telle autre circonstance, favorisant ainsi son insertion dans la société extérieure.

L'âge de l'enfant est primordial. Pendant ses trois premières années d'existence, une séparation de plus de quelques jours est difficile. On ne part « en colo » que vers l'âge de six ans, et une bonne préparation est nécessaire. Les parents doivent en parler longuement avec l'enfant et, dans la mesure du possible, lui montrer des photographies de son futur lieu de villégiature. Un petit calendrier acheté auparavant va lui permettre de visualiser le nombre de jours qui le séparent encore du départ, puis le nombre de jours que dureront ces vacances ; ainsi aura-t-il de précieux points de repère. L'un des parents peut l'emmener dans les magasins pour lui faire choisir les objets agréables, flatteurs ou amusants à emporter un maillot de bain, des petits livres, quelques objets de toilette qui sentent bon, etc. Si cette expédition a lieu en dehors de l'habituelle corvée de ravitaillement, l'enfant se sentira important, donc gratifié par la perspective de la séparation.

Avant le départ, les parents et l'enfant décident ensemble de la fréquence des appels téléphoniques quand il sera arrivé à l'endroit de la colonie. Les parents devront s'y conformer ; ils veilleront notamment à ne jamais téléphoner le soir. Pour bientraitante que paraisse leur sollicitude, l'émotion provoquée par la voix de papa ou de maman dans le combiné téléphonique trouble l'enfant au point de différer sensiblement son endormissement.

En revanche, s'il est désespéré au téléphone et si, en plus, le responsable de la colonie confirme qu'il est prostré, indifférent à tout ce qui se passe, incapable de communiquer avec qui que ce soit, enfant ou adulte, cela signifie que cet enfant n'a pas été préparé à cette séparation, et laisser les choses s'éterniser sans intervenir serait trop douloureux. Dans ce cas, il vaut mieux aller le chercher.

Pour tous les parents, leur enfant est unique et ils connaissent mieux que personne ses petites fragilités. Comment imaginer qu'il puisse être noyé dans un groupe, ne plus être en permanence l'objet d'attention de personnes aimantes et acquises à sa cause, bref, qu'il devienne un enfant anonyme parmi d'autres ?

Si les parents ne supportent pas la perspective de cette séparation, l'enfant va capter cette angoisse, se l'approprier et, finalement, refuser de partir. Au moment de la séparation, l'énorme chagrin exprimé par l'enfant déchire à coup sûr le cœur des parents. Pourtant, dans la grande majorité des cas, dès que le train ou l'autobus démarre, le désespéré de la minute d'avant s'amuse déjà comme un fou avec ses nouveaux copains. Que les parents fassent l'effort de se rappeler leur propre expérience d'autrefois... Larmes, ultime tentative d'infléchir les parents et puis, tout de suite après, l'irrépressible envie de se distinguer, de faire le mariole ou l'intéressante... Par ces quelques minutes de désarroi, l'enfant exprime sa difficulté à gérer la séparation et, en même temps, il montre sa volonté de réconforter ses parents en manifestant (parfois bruyamment) l'attachement qu'il a pour eux. Il importe que les parents se le rappellent le jour du retour, quand il les boude ostensiblement ou qu'il affiche une superbe indifférence. Pour déconcertante que soit son attitude, les parents doivent respecter ce sas temporel de décompression, lui laisser le temps de retrouver ses repères. Il est vain et pesant de l'accabler par les affligeantes suppliques : « Eh bien ! Tu n'es pas content de nous revoir ? Il ne t'a pas fallu longtemps pour nous oublier ! » Mieux vaut le bientraiter en lui disant le bonheur qu'ils éprouvent, eux, ses parents, à le retrouver, lui !

Et s'il n'y avait que les grandes vacances... Mais l'année est ponctuée de petites vacances scolaires et de grands ponts civils ! Comment trouver, chaque fois, le moyen de faire surveiller les enfants tout en meublant leur temps de vacuité, et cela à moindre coût ? Tout naturellement, les parents qui travaillent sont tentés de confier leurs enfants aux grands-parents...

Chez les grands-parents

Rassurante socialement, affectivement et économiquement, cette solution est souvent formidable pour tous : la tranquillité pour les parents, le bonheur pour les grands-parents qui ont enfin la possibilité de distribuer de l'amour sans les contraintes éducatives, et la sécurité affective des enfants. Parfois aussi, elle n'est confortable que pour les parents, c'est-à-dire justement ceux qui, confiants, quittent la scène dès la livraison de la progéniture et s'en lavent, sinon les mains, du moins la conscience.

Leur bonne conscience est d'autant plus justifiée qu'ils se persuadent qu'« un peu d'animation fait du bien aux personnes âgées » et que « les enfants ont besoin de cette relation ; tous les livres de psycho l'affirment », et enfin, mais à voix basse cette fois : « Et puis, les séjours linguistiques, les jeunes filles au pair, le stage d'équitation avec dortoir au manège, les colos, tout ça finit par coûter cher ! » Or, ce qui au départ apparaît comme la solution idéale, en tout cas pour les parents, peut se révéler être, pour les intéressés, une épreuve difficile...

Les enfants encore petits sont surtout ravis de se voir accorder par leurs grands-parents ce que leurs parents interdisent (sucreries à volonté, télévision jusque tard le soir, etc.), et, éventuellement, d'apprendre à pêcher ou à fabriquer des robes pour les poupées, à condition de ne pas rater leur émission télévisée favorite. Mais leurs grands-parents ont quelquefois du mal à faire face à ces enfants turbulents, dangereusement inventifs et exigeants en matière de distractions. La somptueuse boîte de dominos en ivoire incrusté d'ébène que grand-père sort de l'armoire avec une mine de conspirateur ne suscite rien d'autre qu'un haussement apitoyé de jeunes épaules, tandis que la promenade au parc avec grand-mère sera ponctuée de soupirs ennuyés et de baskets traînées sur le gravier. Les préadolescents, eux, renâclent à la perspective de vivre au quotidien avec des vieux bien gentils mais incompréhensibles et « incomprenants ». Le sirop de groseille de grand-mère ne vaut pas le soda au cola ; quant à la visite du musée de l'Automobile avec grand-père, elle ne les console pas de rater, le même jour, la mini-*rave party* organisée par les copains du collège.

La bientraitance implique, pour les parents, de prendre en compte les âges respectifs des enfants surveillés et des grands-parents surveillants. En effet, conscients du décalage entre les générations mais soucieux de rendre service à leurs enfants, les grands-parents n'osent pas toujours refuser la garde des petits-enfants. Il revient aux parents de deviner la gêne et l'appréhension ressenties par les grands-parents. De leur côté, conscients des vraies motivations de leurs parents (pas le choix ; oublié de les inscrire au centre aéré ; peur de les laisser traîner dehors, etc.), les préadolescents risquent de considérer ces vacances-là comme un pensum et le feront payer cher aux parents dès leur retour. À moins, bien sûr, que les parents disent clairement la vérité avant la séparation : « Nous sommes désolés, nous sommes heureux d'avoir pu vous offrir les cours d'équitation, de tennis ou d'escrime que vous avez choisis mais, vous vous en doutez, il ne reste pas assez d'argent pour vous offrir, en plus, les vacances dont vous rêviez. Le seul dépaysement que nous pouvons vous proposer est ce séjour chez vos grands-parents. » Les enfants ronchonnent, mais ils acceptent puisqu'ils comprennent le choix des parents. La bientraitance suggère, en plus, de leur présenter cette réalité comme une mission de confiance : « Nous comprenons votre déception, mais vos grands-parents seront si heureux de vous revoir... Bien sûr, ils ont peur de ne pas être à la hauteur parce qu'ils sont âgés, alors nous comptons sur vous pour les aider et ne pas trop leur faire sentir qu'ils sont parfois un peu "ringards". »

Bientraiter à la fois les enfants et les grands-parents, c'est savoir que tout ce qui rassemble naturellement ces deux générations lorsque les enfants sont petits et que le séjour est de courte durée devient ce qui les éloigne lorsque les enfants grandissent et que le séjour est prolongé. Bientraiter, c'est donc limiter le séjour des uns chez les autres à un temps de plaisir réciproque, et éviter de déborder sur le temps de fatigue et de découragement.

L'une des premières applications, pour l'individu, de sa compréhension et de son respect pour ce qui le précède et ce qui le suit est sa façon de demeurer le chaînon entre ses parents et ses enfants. Être bientraitant, c'est perpétuer l'existence de cette chaîne sacrée en racontant aux enfants comment et par qui elle s'ancre dans le passé, et comment eux-mêmes vont y ajouter les maillons du futur.

Troisième partie

Grandir et se construire à l'extérieur

Quand les parents travaillent, à qui confier le bébé ?

Inévitable et compréhensible, la question ne se pose pourtant pas en ces termes. Les parents ont parfois du mal à se séparer de leur enfant ; ils se sentent facilement coupables de retourner travailler en « le livrant à des étrangers » dont ils ne sont pas sûrs qu'ils vont entourer leur bien le plus précieux de soins assez vigilants. La semaine d'adaptation permet aux parents de se rendre compte (parfois même avec un petit pincement au cœur…) que leur enfant peut être en sécurité et heureux en leur absence. D'autres parents se sentent rassurés de faire prendre leur enfant en charge par une collectivité… Ceux-là éprouvent un sentiment de jalousie à la perspective de confier leur enfant à une personne unique. Dans une crèche, la place de chacun est clairement définie ; chez une nounou, l'intimité entre la nounou et leur enfant peut au contraire devenir un lien affectif qui parfois fait peur aux parents.

La première étape consiste à savoir pourquoi on veut faire garder son enfant : la mère est-elle obligée de travailler pour gagner de l'argent ? Peut-être ne peut-elle pas s'imaginer vivre sans travailler ? Peut-être a-t-elle à cœur d'optimiser ses diplômes jusqu'à une vraie réussite sociale ? Les parents ont-ils entendu dire que les enfants habitués tout petits à vivre en collectivité sont plus éveillés que les autres ? Pensent-ils qu'en les confiant à d'autres ils les aident à couper le cordon de la dépendance ? Etc.

La deuxième chose à prendre en compte est la personnalité de l'enfant : est-il un lève-tôt ou, au contraire, a-t-il du mal à se réveiller le matin ? Se sent-il généralement bien avec d'autres petits ou a-t-il plutôt besoin, en ce moment, qu'on prenne particulièrement soin de lui ? Etc.

La troisième interrogation est celle, très intime, que le parent doit s'avouer seul, en fonction de sa personnalité d'adulte :

– je ne supporte pas l'idée que mon enfant s'attache à quelqu'un d'autre ;

– j'aurais peur de le laisser avec une seule personne, peur que celle-ci lui fasse du mal à mon insu ;

– je me sens rassuré(e) par une nounou qui aura le temps de s'occuper plus de lui, dans un environnement calme, et non dans le vacarme d'une collectivité.

La bientraitance suppose toujours de déterminer le mode de garde le mieux traitant à la fois pour l'enfant et le parent. Il est possible que ce choix soit, au début, un peu bâtard ; c'est l'épreuve du temps qui peu à peu permet à l'enfant et au parent d'apprivoiser ce premier bouleversement, puis d'adopter successivement des modes de garde de plus en plus judicieux. Contrariant ou satisfaisant, cet ajustement progressif des besoins de l'enfant aux besoins du parent constitue déjà une démarche bientraitante par la réciprocité de l'apprentissage.

Il est difficile, pour les parents (surtout pour les mères), de comprendre puis de gérer la culpabilité qui les assaille au moment de livrer leur enfant à ce qu'ils imaginent comme les affres du monde extérieur. Ils doivent avant tout se persuader que les enfants ont absolument besoin de se confronter aux autres pour grandir. Ils doivent également se dédouaner en songeant qu'aucun mode de garde ne semblera d'emblée parfait à un parent. Dans tous les cas, et quel que soit le mode de garde choisi, un respect et une confiance mutuels doivent s'établir entre les adultes qui prennent soin d'un enfant, en se rappelant que c'est l'enfant qui doit se sentir bien. Il faut prendre le temps d'établir des règles claires sur ce qui peut être fait de part et d'autre. Si les parents arrivent systématiquement en retard sans prendre la peine de prévenir la nounou ou la directrice de la crèche, il est clair que le dialogue entre eux et cette nounou ou cette directrice de crèche sera difficilement serein. Or, le premier à en pâtir sera l'enfant. Si les parents sentent leur enfant malheureux, ils doivent en parler et, peut-être, transiger sur quelques petits travers si, par ailleurs, la prestation satisfait aux besoins essentiels de l'enfant autant qu'à leur propre emploi du temps.

L'ADAPTATION À LA CRÈCHE

Un nombre de plus en plus important d'enfants sont gardés au sein de collectivités telles que les crèches et les crèches familiales. La formule de la crèche est adaptée à toutes les tranches d'âge, à condition toutefois de garder à l'esprit que ce n'est pas à l'enfant de s'adapter à la crèche mais à la crèche de s'adapter aux besoins de l'enfant.

Les nourrissons ont des compétences de socialisation extraordinaires à partir du moment où ils sont sécurisés. Il se peut que, pour certains, cette sécurisation prenne un peu plus de temps que pour d'autres ; en ce cas, c'est aux adultes de faire en sorte que cette semaine d'adaptation s'étire sur les deux, voire trois semaines nécessaires à l'enfant – le temps pour lui de se rendre compte qu'il est capable d'attachements multiples. Cela dépend moins de l'âge de l'enfant que de son rythme personnel. Peu importe qu'il ait besoin de trois semaines au lieu d'une pour apprivoiser ce nouvel environnement. Un jour ou l'autre, ce lieu d'éveil et de stimulation lui apparaît plaisant ; ces personnes, jusqu'alors « étrangères », deviennent des repères familiers stables et rassurants. Bientraiter, c'est respecter l'individu dans son intégralité, c'est donc aussi respecter son rythme d'adaptation.

Dans l'intérêt des enfants autant que dans celui des parents, ces collectivités mettent en place un temps préparatoire dit « d'intégration » avant de prendre en charge les nouveaux arrivants. Généralement, les parents restent au côté de leur enfant pendant une période de la journée de plus en plus courte au fil de la semaine que dure cette phase d'adaptation. Ce moment partagé est précieux et bientraitant à de nombreux égards.

– Ces lieux de garde collectifs sont, d'une manière générale, très bien organisés. Ils sont surtout très précieux et formateurs puisque la séparation d'avec les parents – qui doit de toute façon avoir lieu un jour ou l'autre – y est extrêmement bien encadrée. Ils sont aussi préventifs, dans la mesure où des équipes compétentes y exercent une surveillance vigilante et un recours quand la relation parents/enfant n'est pas bonne. Ces équipes étant à même de repérer d'éventuels dysfonctionnements dans la structure familiale, elles peuvent aider les parents à les résoudre efficacement. Si l'aide apportée par le personnel de ces collectivités peut être immédiate, sous forme de discussions, elle peut aussi consister à diriger les parents vers des structures adaptées (consultation psychologique, entre autres). Par exemple, lorsque la mère éprouve et manifeste une trop grande difficulté à mettre en place cette séparation, ou lorsque l'on constate une apparente indifférence de l'enfant qui ne veut participer à aucune des activités proposées.

– Le fait d'intégrer un nouvel univers avec de nouveaux adultes référents, sans en exclure les parents mais, au contraire, en les y intégrant avec un temps relais, permet à l'enfant de ne pas vivre cet univers comme hostile mais bien dans la continuité de sa vie habituelle. Ainsi pleinement rassuré, il est en mesure d'y trouver des ressources, notamment si les choses ne vont pas trop bien à la maison…

– De plus, pendant cette période particulièrement difficile de la première séparation hors du champ familial ou amical, le fait, pour les parents, d'y croiser d'autres parents vivant la même situation permet des échanges infiniment réconfortants.

Hélas, les meilleures structures sont parfois victimes de leurs exigences de qualité. À trop vouloir tout cadrer, certaines crèches en deviennent rigides et en viennent à s'éloigner de leur mission hautement bientraitante. La rituelle semaine d'adaptation devient alors une semaine codée : une demi-heure le premier jour, trois quarts d'heure le deuxième, une heure le troisième, etc.). En perdant sa souplesse, cette semaine privilégiée perd aussi sa fonction de médiation quand parents et enfants se sentent frustrés. Or, les places étant rares, et déjà bien contents d'avoir trouvé une place pour leur bébé, les parents n'osent pas toujours se plaindre de ce manque de communication, de peur de perdre cette place. Dans ce cas, la bientraitante n'a plus droit de cité puisque, chacune des parties se soumettant à des exigences très éloignées de son ambition première, l'enfant, les parents et le personnel de la crèche souffrent de frustration.

Maman et nounou, chacune à sa place…

Le risque de confusion entre la mère et la nourrice est d'autant plus grand qu'il n'est pas décelable immédiatement. D'ailleurs, comment codifier et moraliser l'instinct de protection et l'affection ?

Prenons l'exemple de la nounou à qui l'on confie la garde d'un enfant plusieurs jours par semaine : à travers les réactions de l'enfant qu'elle voit évoluer chaque jour durant la journée, elle peut sentir les événements heureux ou malheureux qui agitent la famille. Lorsqu'il exprime un désarroi sérieux, par exemple en refusant de s'alimenter ou de jouer, la nounou, pour peu qu'elle soit empathique et frustrée dans sa vie de mère, peut être tentée de se substituer excessivement à la mère : « Là, ce n'est rien ; tu es avec moi maintenant, rien de mal ne t'arrivera ici, mon petit chéri... » Aussi spontanée et gentille que soit la réponse de la nounou face au chagrin du petit, non seulement elle n'est pas bientraitante mais elle est inadéquate. Les conséquences d'une telle attitude peuvent être perturbantes pour l'enfant.

Fort heureusement, la plupart des nounous agréées ont reçu une formation de qualité. Elles sont reconnues aptes à bien s'occuper des enfants dont elles ont la garde. Cela sous-entend qu'elles savent les nourrir en fonction de leur âge et de leurs besoins respectifs, leur apporter les soins d'hygiène, leur garantir un environnement sain, les protéger contre les dangers habituels (domestiques et autres), réagir vite face à une chute, une blessure, etc. De plus, l'enquête sociale préalable dont elles sont l'objet a pour but, entre autres, de confirmer leur équilibre affectif et psychologique. Certaines, hélas, n'ont pas pu bénéficier de ce minimum d'éducation au processus de bientraitance. Face au mal-être énoncé par un enfant qui lui est confié, la tentation est grande, pour une nounou affectueuse mais mal informée, de s'approprier l'enfant en s'appropriant sa souffrance. Cette tentation est le plus souvent inconsciente. Le danger vient de ce qu'une attitude foncièrement généreuse et affectueuse, non seulement n'est pas toujours bientraitante, mais, pire, peut mener à l'altération puis à la détérioration du lien parent/enfant, et ce, en toute bonne foi !

Bientraiter, c'est aussi prévenir. La multiplicité étant un bon antidote contre la dérive de l'attachement exclusif, les parents anxieux peuvent faire en sorte que leur enfant soit gardé chez la nounou en même temps que d'autres enfants.

HURLEMENTS CHEZ LA BABY-SITTER !

Avant d'appeler SOS enfants en détresse, le SAMU ou la police des mœurs, il vaut mieux, en premier lieu, vérifier que rien ne blesse l'enfant à l'insu de la jeune étudiante qui veillait sur lui. Voici un exemple, très courant avant l'invention des couches jetables, de maltraitance involontaire : celle infligée par des nourrices (des mères aussi, parfois) qui, bouleversées par les hurlements désespérés d'un bébé qu'aucun biberon ni comptine n'apaise, le tiennent contre elles avec amour… lui enfonçant ainsi encore un peu plus dans la chair l'épingle de sûreté qu'elles ont mal refermée après avoir changé l'enfant. Qu'il soit victime d'une simple épingle ou d'une maltraitance avérée, un bébé n'a d'autre moyen de se faire entendre que les hurlements. Aux deux extrémités de sa vie, l'individu souffre d'une même impuissance, d'une même dépendance qui le mettent parfois en grand danger : pour le vieillard qui ne peut plus exprimer ses besoins, que de douleurs et d'humiliations lorsque l'aide-soignante, pourtant dévouée, s'évertue à nourrir ou à faire boire le malheureux dont la vessie est déjà pleine… On ne répétera jamais assez que bientraiter, c'est d'abord écouter et observer avec la plus grande vigilance !

Entendre son enfant hurler chez sa gardienne peut bien sûr trahir une détresse plus grave. Si le bébé présente des marques suspectes sur le corps, s'il refuse de s'alimenter, s'il semble terrorisé dès qu'on veut le changer, il ne faut pas hésiter à s'adresser au médecin. Cependant, même intoxiqué par les faits divers relatés aux actualités, le plus fondant des parents ne doit pas perdre de vue que c'est peut-être une simple colère, une naturelle poussée de violence qu'exprime son enfant en hurlant, notamment s'il est gardé en même temps que d'autres petits…

LES BÉBÉS CASSEURS ET MORDEURS

Si l'on installe une caméra dans une crèche, on peut voir s'y dérouler des scènes d'une grande violence que le personnel d'encadrement sait et doit contrôler. L'enfant sait très tôt qu'il fait mal à celui sur qui il déchaîne sa violence, mais il ne sait pas encore évaluer la douleur qu'il inflige ni prévoir les blessures qu'il provoque.

Sa violence peut être orale (hurlements stridents) ou corporelle (morsures, coups de poing et de pied désordonnés). Que peut-il faire d'autre pour s'indigner et se protéger tant qu'il ne maîtrise pas le langage ? Il peut aussi se rouler en boule et se laisser dépérir en refusant toute nourriture… Ce comportement, pour pacifique qu'il paraisse, est une violence paroxystique retournée contre lui-même. L'éducation et, surtout, l'expérience qu'il acquiert peu à peu en subissant à son tour la violence de ses camarades sont le nécessaire apprentissage par le vécu, celui qui fera bientôt hésiter l'ancien bébé devenu à présent jeune enfant : « Vincent m'énerve mais si je lui envoie mon pied dans le ventre, ça va lui faire mal autant qu'à moi le jour où Karine m'a fait la même chose… C'est trop fort. Je vais juste lui mettre un coup de poing sur l'épaule ; ça suffira. »

La plupart du temps, pouvoir enfin mettre des mots là où le langage était absent met fin aux morsures qui embarrassent bien souvent autant les parents de la victime que ceux de l'agresseur.

Il est hautement bientraitant de ne pas mettre sur un enfant une étiquette qui le suivra partout : le pleureur, le mordeur, le violent, le délinquant, etc. Affubler un enfant d'un sobriquet censé lui faire honte peut aboutir à un effet pervers : par exemple, s'il souffre d'un manque de reconnaissance, l'enfant peut se sentir fier de sortir de l'anonymat, d'être enfin « celui qui… ». Alors non seulement il s'approprie l'étiquette, mais il va s'appliquer à devenir le meilleur en sa catégorie : le petit bien gentil qui, pour avoir mordu une fois le bras d'un camarade, a été baptisé abusivement « le mordeur », va devenir réellement « LE mordeur ». Il sera vite trop tard pour le convaincre de redevenir UN garçon bien gentil auquel personne n'accordait une attention particulière.

La bientraitance supposant la connaissance préalable du maximum d'éléments constitutifs d'un événement, il importe de savoir que, au commencement de toute violence, il y a celle, naturellement inscrite dans nos gènes, prévue à l'origine pour se protéger de dangers sérieux. Comme elle apporte un soulagement, elle est généralement ressentie comme agréable. De la même façon que le venin du serpent est une réponse préalable aux serres ou aux griffes de son prédateur potentiel, la violence humaine répond à l'agressivité de tout ce qui, en face, se comporte en ennemi. Puisque cette violence est innée, on ne peut pas judiciariser tous les comportements délibérément violents entre des bébés ou de très jeunes enfants. Quel tribunal poursuivrait un bébé ? Quel avocat plaiderait contre les parents d'un bébé pour « coup de pied au menton de sa nourrice alors que le contrevenant venait d'être déposé sur la table à langer » ? La bientraitance bien appliquée suppose que tous les individus concernés en bénéficient : la nourrice, les enfants dont elle a la charge et les parents. Si, par leur âge, les enfants sont encore dispensés d'être acteurs de la bientraitance, les adultes, en revanche, sont censés en respecter les préceptes. La violence exprimée par tel enfant doit être considérée comme naturelle, désolante mais probablement justifiée. La nourrice doit pouvoir en faire part aux parents sans pour autant les en rendre responsables. De la même façon, les parents doivent entendre ce témoignage de la nourrice sans aussitôt la soupçonner d'avoir elle-même provoqué cette violence. Enfin, les parents de l'enfant sur lequel s'est exercée la violence ne doivent pas, eux, accuser trop vite à la fois l'enfant agresseur, ses parents et la nourrice. L'un des processus bientraitants, pour les parents de cet enfant agresseur, consiste à entendre la nourrice évoquer leur cher petit sous un angle insoupçonné, ensuite à comprendre que leur enfant, comme eux-mêmes, se comporte différemment selon son environnement, et enfin, le cas échéant, à s'interroger eux-mêmes sur ce qui, en eux, a pu donner à leur enfant un exemple de violence gratifiante. Bien sûr, la bientraitance étant sœur de la vigilance, les parents ne perdront pas de vue que certaines nourrices (très rares, heureusement) se rendent coupables d'actes violents sur les enfants. Dans un tel cas, ils doivent immédiatement soustraire leur enfant aux exactions de la nourrice, mais ils doivent aussi, tout de suite après, apporter à cette nourrice l'aide dont elle a besoin : l'écouter, lui enjoindre de consulter un psy, etc.

Les parents qui ont choisi de confier leur enfant pendant les premières années de sa vie vont être confrontés à ces dilemmes successifs pendant environ trois années. Après quoi, ils les inscriront à l'école maternelle. Ouf ? Pas sûr…

La maternelle : à quel âge ?

La plupart des enfants entrent à l'école à trois ans. À chaque classe correspond ensuite un âge. Un enfant qui entre sensiblement plus tôt ou plus tard à la maternelle risque de se sentir en décalage avec les autres. Faire en sorte qu'il soit en adéquation avec ses camarades est évidemment bientraitant, mais, selon son rythme personnel et le développement de sa personnalité, tel enfant y entrera dès son deuxième anniversaire tandis que tel autre y sera prêt vers cinq ans. On considère que, pour cette première rentrée dans la société, il doit savoir contrôler ses sphincters, s'habiller seul, monter et descendre un escalier et, surtout, manifester l'envie de s'immerger dans un groupe d'autres enfants. Tant qu'il ne remplit pas ces conditions, qu'il a encore besoin de la sécurité du foyer, il serait vain et décourageant de le forcer. De plus, toutes les écoles maternelles ne sont pas équipées pour accueillir les très petits enfants ; il n'y a pas toujours de salle de repos à leur disposition ni suffisamment de dames de service pour, le cas échéant, fignoler leur apprentissage de la propreté ou les consoler en cas d'anxiété. Vingt-cinq, voire trente enfants par classe en maternelle contre six par groupe à la crèche… Il serait bientraitant d'y réfléchir à deux fois. Les adultes parents savent par expérience que seulement un ou deux enfants nécessitent déjà une surveillance constante ; dès qu'il sait se déplacer, le petit invente, toutes les cinq minutes environ, de quoi se blesser gravement. En outre, chacune de ces personnalités toutes neuves demande de la reconnaissance pour pouvoir se développer. Or, pour contempler le dernier gribouillis multicolore annonciateur d'un futur talent de plasticien ou pour décoder, dans cet autre gribouillis noir et violet, une détresse alarmante, une grande vigilance s'impose. Aussi bienveillants soient-ils, les professeurs des écoles maternelles n'ont pas le don d'ubiquité ; le trop grand nombre d'enfants à surveiller, à stimuler et à encourager risque de mettre à mal tous les efforts fournis en faveur de la bientraitance.

Beaucoup de parents, n'ayant pas trouvé de place en crèche de proximité pour leur enfant, choisissent l'école faute de mieux. Pour que l'enfant s'habitue, les écoles proposent des aménagements du temps : les périodes transitoires d'adaptation peuvent consister en des demi-journées.

L'entrée à la maternelle est un grand moment de la vie civile de l'enfant ; la bientraitance consiste à auréoler comme il se doit son courage et sa capacité à aller vers les autres. Mais il ne serait plus du tout bientraitant de programmer cette rentrée alors même qu'un petit frère ou une petite sœur est sur le point de naître… L'enfant se sentirait rejeté puisqu'un autre enfant est venu le remplacer. Il pourrait considérer l'école comme une remise où l'on s'est débarrassé de lui, comme une punition. Il pourrait alors développer une grave allergie à l'école.

« Comment ça va, à l'école ? »

Parmi les questionnements qui agitent les parents à propos de l'école, deux sont particulièrement sensibles et récurrents : les notes et le redoublement. Enseignants et parents candidats à la bientraitance doivent s'interdire d'utiliser ces deux mots comme des couperets définitifs. Une mauvaise note ne peut en aucun cas définir un enfant, pas plus qu'un redoublement ne fait de lui un mauvais élève à vie.

Une note doit être considérée comme une mesure ponctuelle relative à un moment donné pour un travail demandé. Il importe surtout d'entendre ce que l'enfant peut en dire ; c'est-à-dire s'il a subi la note comme une injustice, une malchance, ou s'il l'accepte comme prévisible… Et, pour l'entendre, il faut l'interroger : « Tu as travaillé dur ? Tu n'as pas obtenu le résultat que tu pensais mériter ? » Ou : « Tu es déçu de quoi, au juste ? De toi, peut-être ? Tu n'as probablement pas fourni les efforts nécessaires ? » Plus que la note, il faut considérer ce que l'enfant noté comprend de ce chiffre accolé à son travail. Bientraiter l'enfant scolarisé, ce n'est pas le pousser à se surpasser pour obtenir le 20/20 tant convoité par les parents, mais l'encourager à faire au mieux en valorisant le 9/20 dont il est capable tout de suite et qui représente un sacré progrès par rapport au 7/20 du mois précédent.

À propos du redoublement, les études statistiques sont sans appel : le redoublement en CP est une erreur. Non seulement redoubler le CP ne résoudra pas le problème profond dont souffre l'enfant qui ne sait toujours pas lire à la sortie de cette classe, mais en outre l'enfant se dévalorisera gravement. Pire encore : tout au long de sa scolarité, ce redoublement du début influencera – souvent inconsciemment – les options d'orientation du personnel éducatif au point que cet enfant sera presque systématiquement dirigé vers des cycles courts. Quant à redoubler une classe de lycée, cette solution doit être réservée à des cas bien précis que, d'ailleurs, l'enfant accepte alors volontiers. Par exemple, après une scolarité plutôt satisfaisante, rater la classe de première ou de terminale peut n'être que le résultat d'une baisse de régime accidentelle ou d'une distraction endocrinienne à l'âge où les hormones envahissent le cerveau... L'autre raison qui justifie un redoublement en fin de parcours au lycée est un brusque changement de choix : celle qui se croyait littéraire, soudain envahie par le désir de soigner son prochain, devra redoubler pour rattraper le programme scientifique abandonné en classe de seconde.

L'observation des scores réalisés dans l'Union européenne montre clairement que les pays où l'on redouble le plus sont ceux qui obtiennent le plus faible taux de réussite scolaire, tandis que ceux où l'on redouble le moins obtiennent le meilleur taux de réussite ; c'est le cas du Danemark. Cette constatation doit inciter les enseignants et les parents à pratiquer la bientraitance au jour le jour : les enseignants, en décodant attentivement le comportement des élèves en difficulté avant qu'ils deviennent des élèves difficiles ; les parents, en considérant leur enfant dans son ensemble, y compris l'environnement familial, puisque c'est très souvent là que se trouve l'origine de sa démotivation scolaire.

AGITÉ OU SURDOUÉ ?

C'est agaçant, c'est vrai, un enfant qui s'agite tout le temps, surtout lorsqu'on est convoqué par la maîtresse et que tombe le verdict : menace de renvoi assortie de prédictions apocalyptiques ! Parmi ces enfants remuants, très peu ont besoin d'être aidés par des médicaments ou par une psychothérapie. La plupart ont seulement besoin qu'on les considère autrement. Leur agitation est souvent la preuve qu'ils s'ennuient à l'école. Il peut arriver que l'instituteur soit inapte, mais il est possible que ces enfants-là soient surdoués…

Comprenant plus rapidement que les autres les consignes et autres problèmes posés, ils renâclent à entendre pour la énième fois que B et A ça fait BA, car dès le premier énoncé ils en ont enregistré l'information une fois pour toutes. La tentation est grande de leur faire « sauter » une ou plusieurs classes : « Puisqu'ils s'ennuient et qu'ils ont tout compris, ce serait bientraitant de leur épargner de l'ennui supplémentaire, non ? » NON. Il est mieux traitant encore de se convaincre que si leur cerveau rationnel est ultra-performant, émotionnellement ils sont au même stade de développement que leurs petits camarades du même âge. Les insérer d'emblée dans un groupe d'enfants de deux ou trois ans leurs aînés risque de les enfermer dans une grande solitude. « Alors, que peut-on faire d'eux ? » Les inscrire dans un établissement spécialisé dans l'accompagnement de ces enfants surdoués. Malheureusement, il n'existe que très peu de ces structures adaptées à ces enfants si particuliers qui seront peut-être médecin, chercheur ou prix Goncourt à dix-huit ans, mais qui n'auront pas vraiment vécu leur enfance. Pour ceux d'entre eux qui n'ont pas la chance d'être inscrits dans l'une de ces structures, il reste la solution de leur faire suivre un programme scolaire assorti à leurs besoins cérébraux par l'intermédiaire – pourquoi pas ? – d'un professeur particulier. Ainsi rassasié sur le plan intellectuel, si l'on parvient à le responsabiliser à l'égard de ses camarades moins performants, il est possible que cet enfant se comporte d'une façon mieux traitante au sein de l'école.

Comme en tout autre domaine, la bientraitance au sein du monde scolaire consiste à observer avec vigilance, à écouter avec bienveillance et à comprendre avec intelligence. Pour aider les acteurs du monde scolaire, il existe un encadrement psychologique chargé d'évaluer, dans la mesure du possible, les aptitudes supposées de chaque élève. Cette démarche est hautement bientraitante lorsqu'elle détecte un talent particulier chez un élève aux résultats globalement médiocres, mais il arrive que l'utilisation des conclusions données par ces évaluations soit moins, beaucoup moins bénéfique…

TESTS D'ÉVALUATION OU PRÉDICTIONS PYTHONISSES ?

Le plus souvent élaboré sur des *a priori,* des informations verbales ou écrites, vérifiées ou non par soi-même, tout regard extérieur modifie et conditionne considérablement les performances de l'individu observé. La prédiction peut devenir hautement stimulante lorsque, par exemple, elle met en relief tel talent non encore avéré. Mais elle peut aussi enfermer le sujet et faire porter sur lui un regard qui va renforcer ce que, justement, on voulait combattre en cet individu. Nos attentes sont donc dangereusement assorties à ce savoir empirique (délit de sale gueule, de race, d'obédience, d'origine sociale, de quotient intellectuel [QI], etc.). Qu'ils soient établis à la demande d'un employeur, d'un enseignant ou d'un parent, de nombreux tests d'évaluation sont hélas plus prédictifs que préventifs.

En voici un exemple frappant : dans une classe, tous les enfants avaient passé un test d'intelligence en fin d'année. Certains y présentaient un QI très moyen, d'autres satisfaisant, tandis que d'autres encore y montraient une intelligence nettement plus développée. Lors de la rentrée scolaire suivante, ces résultats furent remis à la nouvelle institutrice, mais, cette fois, dans le désordre, c'est-à-dire après que les noms et les résultats eurent été intervertis. Or, impressionnée et influencée par les résultats écrits et dûment estampillés « scientifiques », et sans s'interroger sur la fiabilité du fameux test, cette institutrice a commencé à douter d'elle-même. Les enfants ne se comportaient pas comme les tests l'auraient laissé penser : « Qu'est-ce que je fais de mal pour que cet enfant, dont le résultat aux tests est brillant, se désintéresse à ce point de ma classe ? » Elle n'a pas compris pourquoi les enfants classés « surdoués » ne réagissaient pas à ses sollicitations en classe. Au lieu de mettre en doute la sanction officielle du fameux test, elle a d'abord douté de son enseignement, puis de ses capacités. Alors, elle a redoublé d'attention jusqu'à ce que les enfants deviennent performants.

La bientraitance, c'est aussi mettre en synergie ce que l'extérieur affirme et ce que l'intuition devine ! On ne dira jamais assez le danger de ce qui a été inscrit... Comme on le voit dans cette expérience, le regard que l'on porte sur un individu et les attentes qu'on a de lui modifient considérablement ses performances. La prédiction rassure en maîtrisant l'autre, tandis que la prévention demande beaucoup d'énergie pour se maîtriser soi-même.

De bons outils d'observation, d'analyse et d'évaluation sont mis à la disposition des individus censés en aider d'autres à trouver leur bonne voie. Cet outillage nécessaire est-il toujours adapté ? suffisant ? bientraitant ? Non, pas toujours, notamment en milieu scolaire…

L'échec scolaire : celui de l'enfant ou celui de l'école ?

C'est dans l'enceinte de l'école, en période de conseils de classe, que se dessine l'avenir des enfants – de façon plus ou moins adéquat. Il existe une population d'enfants dont les aspirations, justifiées par leurs aptitudes naturelles, sont chaque année saccagées par ce qu'il est convenu d'appeler l'échec scolaire. Après avoir été dirigés contre leur désir dans des filières qu'ils n'ont pas choisies, ces enfants vivent les conseils de classes comme des gares de triage, ce qui n'est pas faux puisque, pour exemple, un seul enfant d'immigrés sur quatre prépare le bac. D'une manière générale, si la volonté de changement est un moteur fondamental de la réussite scolaire, cette volonté est insuffisante face au poids social.

Cette frustration peut générer toutes sortes de comportements de rejet, tels qu'une certaine marginalisation et l'exercice d'une violence envers l'extérieur ou vers l'enfant lui-même. Il est temps de définir les rôles, car il s'agit moins souvent de l'échec scolaire de l'enfant que de l'échec de la société.

Il est urgent que le conseil de classe devienne un lieu où soient véritablement pris en compte non seulement les capacités mais aussi les désirs de l'enfant. Contrecarrer d'emblée ce qui l'anime et le motive risque d'amplifier sa légitime frustration, avec son corollaire de conséquences graves.

Il y a un grand pas entre difficultés scolaires et échec scolaire : ce n'est pas parce qu'on éprouve des difficultés dans une ou deux matières qu'on est forcément en échec. En revanche, l'attente que l'on a de la réussite ou de l'échec de certains a une incidence prépondérante dans la matérialisation de cette réussite ou de cet échec. Tous les responsables de l'orientation scolaire (enseignants, parents, psychologues scolaires) pensent de bonne foi agir au mieux des intérêts des enfants. Et, dans l'immense majorité, ils le pensent à juste titre puisqu'ils orientent eux-mêmes leurs efforts en direction d'une globale normalité. Mais la bientraitance ne se satisfait pas d'une telle démarche.

L'acteur bientraitant est censé prendre en compte chaque enfant individuellement, donc prendre en considération les rêves, les désirs et les aptitudes de cet enfant-là. La bonne volonté peut se révéler insuffisante, voire pire ! Chacun des individus responsables des décisions d'orientation devrait être informé des conséquences qu'une frustration scolaire peut avoir, à court, à moyen et à long terme sur la santé physique et mentale de l'élève mal orienté ou déconsidéré. De l'anorexie à la dépression en passant par la délinquance, l'enfant peut engendrer toutes sortes de troubles. Quand un gamin va mal et qu'il va voir un psy, c'est d'ailleurs l'une des premières questions que pose le psy : « Et à l'école, comment ça va ? » L'école reste encore l'un des meilleurs baromètres de la santé mentale d'un enfant…

À propos de santé mentale, il serait très bientraitant de garder à l'esprit le stress considérable vécu par les enfants en période d'examens, afin de mieux comprendre les sautes d'humeur, les phases d'abattement et les crises de surexcitation… Qu'il s'agisse de la dictée au CP ou d'une unité de valeur en année de licence, ces moments sont, au sens propre, une mise à l'épreuve.

Le stress des examens

L'état de stress est la réponse que l'organisme met en place pour faire face aux agressions extérieures, qu'elles soient agréables ou désagréables. Par abus de langage et d'usage, le mot « stress » est surtout utilisé pour évoquer ce qui dérange, perturbe et irrite ; pourtant, s'ils font appel à des sentiments très opposés, le mariage et le divorce suscitent en l'individu la même quantité de stress.

Le stress est très utile au cours de l'existence en ceci qu'il place l'individu, face au danger (avéré ou annoncé), dans un état de grande perspicacité, donc d'efficacité supposée. Cette tension vigilante provoque la sécrétion d'adrénaline qui va permettre au corps et au cerveau de répondre efficacement au danger.

Cependant, l'individu qui ne parvient pas à quitter cet état de grande vigilance inquiète risque le *burn out,* c'est-à-dire la surchauffe émotionnelle et neuronale qui mène à l'explosion incontrôlable (crise de nerfs, agression verbale ou physique hors de proportion, etc.). Il est donc nécessaire de se donner les moyens de contrôler l'état de stress au fur et à mesure et d'en limiter les désastreux effets par des « pauses ». Celles-ci peuvent être matérialisées par des séances de yoga ou de relaxation, en fonction des goûts et de la nature de chacun. Pourquoi certains individus préfèrent-ils s'adonner à un sport aussi stressant que ce qui les stresse au quotidien ? Parce que les deux causes de stress s'annulent !

C'est tout au long de l'année que cette préparation permettra, le jour de l'examen, de bien gérer l'état de stress et de le rendre supportable.

Si le stress des enfants accompagne, comme celui de l'adulte, les événements indifféremment heureux ou désastreux, il résulte le plus souvent d'un agenda surchargé. La pression exercée par les maîtres, l'esprit de compétition, le désir de faire plaisir aux parents, voire de rembourser, par leur excellence en tous domaines, les investissements que certains parents, hélas, évoquent maladroitement : « Avec tout ce qu'on a fait pour toi ! L'argent que ça nous a coûté ! Tu crois que j'en ai eu, moi, des cours de tennis ? Et en plus tu chipotes ! » Tout cela à gérer en plus de tout le reste... C'est plus que trop, et si l'enfant fait part de son besoin d'en faire un peu moins, juste le temps des examens, il lui est trop souvent répondu : « Tu as la chance, toi, de pouvoir aller à l'école, de suivre des cours de karaté, d'apprendre à sculpter, à faire de la guitare... tu ne vas quand même pas arrêter l'équitation maintenant ? Ton passage de galop est dans trois semaines... » Chance, assurément, à la condition, toutefois, d'offrir à l'enfant les mêmes « pauses » que celles préconisées aux adultes. Tous les parents du monde moderne peuvent offrir à leurs enfants ce médicament miracle, ce luxe absolu : du temps pour ne rien faire, pour rêver et s'ennuyer. Tous le peuvent et tous le doivent, sans quoi le tandem corps/cerveau, soumis longtemps à un surrégime, va lâcher prise et, tôt ou tard, tout l'être se rebellera. Cela se manifestera par une perte grave d'estime de soi. Toute pression s'exerce sur l'individu comme sur une éponge : elle l'aplatit, l'essore et l'écrase tant et si mal que, comme l'éponge, l'individu n'a de cesse qu'il n'échappe à cette pression par exemple en fuguant, en fuyant ce qui le presse et l'oppresse.

UNE DES RECETTES DE LA RÉUSSITE SCOLAIRE

En Suisse, une étude a été menée sur plus de cinq cents élèves qui avaient été répartis selon les trois styles d'éducation qu'avaient choisis leurs parents respectifs : directif, libertaire et participatif. Les résultats ont beaucoup étonné les chercheurs.

Seul le modèle participatif permet aux enfants d'obtenir des résultats scolaires très nettement supérieurs aux autres. À partir du moment où, dans une famille, on discute beaucoup et où les règles de vie s'élaborent en commun, les enfants ressentent les études non plus comme des ordres à exécuter mais comme des objectifs à atteindre. Ils apprennent ainsi à devenir responsables de leurs actes. Or, participer collectivement à la construction d'objectifs communs augmente l'estime de soi, la capacité d'autonomie et la confiance dans ses compétences pour chacun. Cette capacité à entendre le point de vue de l'autre est ce que Jean Piaget, dans *La Psychologie de l'enfant,* appelait la décentration : « [...] tandis que l'univers du nouveau-né est entièrement centré sur le corps et l'action propres en un égocentrisme aussi total qu'inconscient de lui-même, [...] l'acquisition d'une intelligence sensori-motrice est une révolution copernicienne. S'y opère une décentration générale, telle que l'enfant finit par se situer comme un objet parmi les autres en un univers formé d'objets permanents, structuré de façon spatio-temporelle et siège d'une causalité à la fois spatialisée et objectivée dans les choses[1]... »

En revanche, lorsque les parents sont trop rigides, l'adulte, convaincu par principe d'avoir toujours raison par le seul fait d'être l'adulte, adopte une attitude directive et déresponsabilisante pour l'enfant qui n'a droit à la parole dans aucune des décisions importantes concernant la famille ou lui-même. Démotivé à la maison, il fera montre de la même passivité désenchantée au sein de l'école.

À l'inverse, laisser l'enfant prendre seul les décisions qui le concernent provoque en lui une angoisse certaine car, ainsi chargé d'une trop lourde responsabilité, il finit par réagir

1. Jean Piaget, *La Psychologie de l'enfant* (1966), PUF, 2004.

impulsivement, que ce soit dans sa vie personnelle ou à l'école. La voie de la bientraitance se situe assez près de « l'entretout » : pas trop de ceci, ni de manque de cela…

Quel qu'en soit le coût en temps, en énergie et en patience, cette communication vigilante et bienveillante, donc bientraitante, est une excellente prévention des phobies éventuelles qui peuvent gagner l'enfant, tout particulièrement au sujet de l'école…

La phobie de l'école

La différence entre un simple caprice et une véritable phobie est nette : l'enfant phobique ne peut même pas imaginer se rendre à l'école ! Il peut cauchemarder, vomir, ne plus s'alimenter, ne plus parler, etc. Il est alors nécessaire que les parents tentent de détecter l'objet précis de cette phobie : est-ce le trajet entre la maison et l'école ? l'école elle-même ? les autres enfants ? la maîtresse ? les devoirs ? Pour cela, il faut que l'enfant accepte de le dire. Ce n'est pas évident d'y parvenir, à moins de faire appel à des substituts, par exemple des jouets figurines que, peut-être, l'enfant acceptera de faire parler à sa place. Il peut préférer exprimer sa peur à travers ses dessins ou par le choix qu'il fait de tel ou tel livre… Si les parents ne parviennent pas à percer ce mystère, l'intervention d'un psychothérapeute est indispensable.

Ce dernier va identifier la raison profonde de la peur : une grande angoisse de séparation ? la peur que les parents disparaissent ou meurent en son absence ? Etc. Puis il va travailler avec l'enfant sur les enjeux qu'il met en actes dans cette période importante de sa vie.

N'avoir que cinq ans et n'avoir que la violence à sa disposition pour obtenir ce qu'on désire ou ce qui est dû, pour exprimer sa colère, son indignation ou même son désarroi :

à l'évidence, non seulement cet enfant-là a appris la violence, mais il n'a même rien appris d'autre pour se faire entendre. Et, si ses parents lui ont transmis la violence par le langage et les gestes, il y a fort à parier qu'eux-mêmes l'avaient reçue de leurs propres parents… Tant il est vrai que, lorsqu'on s'éloigne de la bientraitance, l'on met en place un système agressif regrettable, et, pire, transmissible.

DES SANCTIONS BIENFAISANTES

Dans la cour de récréation, lorsque le meneur de jeu serre le foulard autour du cou de son camarade jusqu'à le faire tomber en syncope, il se réjouit de sa propre performance technique et des sensations que l'autre lui racontera en se relevant. Car le meneur n'envisage pas de tuer son camarade ou, s'il l'envisage, c'est sous la forme d'une mort virtuelle, comme dans les jeux vidéo. L'adulte surveillant, en revanche, pense d'abord au risque encouru par l'autre ; il se précipite sur l'agissant, lui attrape les mains et desserre vite le foulard. Il s'assure que le subissant va bien, et ensuite seulement s'intéresse à la sanction. Si la sanction est proportionnée à la peur du surveillant, ajoutée à la possible conséquence la plus grave de son acte – la mort du camarade par anoxie ou rupture d'une vertèbre –, non seulement elle confortera le meneur dans sa toute-puissance, mais elle légitimera déjà sa future vengeance (l'étranglement du surveillant, qui sait ?). Si, en revanche, la sanction est proportionnée à l'intention et à la crétinerie du jeu, elle peut être matérialisée par quelques heures de colle avec la très bientraitante obligation de lire un manuel simplifié de médecine où sont expliquées les modifications physiologiques entraînées par ce genre de jeu, y compris la mort possible. Ici, la chance est offerte à l'enfant de réfléchir, de comprendre et, qui sait, de choisir l'abandon définitif de ce genre de jeu. Quant à l'absence de sanction, choix pourtant bientraitant en apparence, elle peut être plus grave que toute sanction puisque, à moins d'avoir affaire à un fou dangereux ou à un débile sévère, le meneur se sait coupable, surtout si le camarade étranglé garde des séquelles visibles. Et, le sachant, le coupable risque de s'infliger, consciemment ou non, une sanction bien plus sévère encore que toutes celles qu'on aurait pu lui infliger, et pour très longtemps.

La vraie bientraitance consiste ici à sanctionner judicieusement le meneur, pour protéger à la fois le coupable contre lui-même et ses éventuelles futures victimes. Dans la foulée, elle doit aussi sanctionner celui qui s'est laissé passer la corde autour du cou puisque, par son consentement, il attente à une vie, la sienne. Il y puisait la satisfaction de parvenir à surmonter sa peur, devant ceux de ses camarades qui, peut-être, le considéraient jusque-là comme un trouillard (ce qu'il est et refuse d'être). Pour cet enfant-ci, la sanction bientraitante pourrait être les mêmes heures de colle mais avec, cette fois, l'obligation de faire une rédaction sur la peur, avec l'aide de livres judicieusement choisis.

Le bilinguisme

L'éducation d'un enfant est un long parcours semé d'embûches ; les parents se sentent parfois submergés et impuissants. Il y a tant de choses dont il faut protéger les enfants, tant de choses qu'il faut leur enseigner ! Quand, en plus, les deux parents appartiennent à deux pays différents, dotés de deux langues différentes, on peut imaginer leurs appréhensions face à ce qui apparaît d'abord comme un obstacle supplémentaire. Et pourtant, ce double langage à acquérir semble développer chez l'enfant ses facultés d'apprentissage et de compréhension de tout le reste…

Il existe de multiples façons d'être bilingue. Qu'il s'agisse de l'apprentissage d'une langue étrangère à l'école, de deux parents de nationalités différentes ou d'un environnement plurilinguiste, le bilinguisme est la capacité à communiquer indifféremment dans deux langues avec la même aisance.

On a prétendu très mauvais, pour un enfant, d'apprendre deux langues en même temps. L'on supposait qu'alors il n'en connaîtrait jamais bien une seule et qu'il pourrait devenir dyslexique. On a dit sur ce sujet beaucoup de bêtises !

Le bilinguisme existe dans de nombreux pays, depuis très longtemps, et cela se passe très bien. Les enfants chinois parlent souvent, en plus de la langue de l'État, le dialecte de leur région et parfois aussi celui de leurs grands-parents. Plus près de nous, les Luxembourgeois pratiquent couramment deux ou trois langues. Plus près et encore récemment, nos grands-parents apprenaient d'abord à parler le patois à la maison, puis apprivoisaient le français en entrant à l'école.

En imposant une langue dominante, non seulement on a éloigné beaucoup d'enfants de leurs racines et de leur culture originelle, mais on leur a donné de leurs parents une image un peu dévalorisée. En effet, délaissant par force leur première langue (dès les petites classes, juste avant la dernière guerre mondiale, les coups de règle en métal pleuvaient sur les doigts de ceux dont la langue « dérapait en patois »), ils ont commencé à regarder avec un peu de distance leurs grands-parents et leurs parents qui continuaient à communiquer dans leur patois.

Il est important de rappeler qu'apprendre deux langues en même temps n'entraîne aucun retard de langage, ni aucun retard d'apprentissage de la lecture et de l'écriture. Au contraire ! Les études réalisées aux États-Unis, où existe depuis longtemps une grande culture du bilinguisme, démontrent que les enfants qui acquièrent une ou deux langues en plus de la langue maternelle bénéficient d'une ouverture telle qu'ils apprennent à lire et à écrire sensiblement plus vite que les autres.

Bien sûr, comme tout apprentissage, celui d'une deuxième langue est favorisé par sa précocité. Le seul moment difficile à supporter pour les parents est celui où l'enfant, connaissant un mot dans une langue et un verbe dans l'autre, formule, dans un grand désordre linguistique et phonétique, des phrases à peu près incompréhensibles. C'est alors que les parents s'alarment : « Et voilà ! C'est raté ! Il mélange tout ; nous aurions dû lui enseigner une seule langue pour commencer... » Or c'est le moment de s'accrocher, de ne pas céder à la tentation de supprimer la deuxième langue, car ce galimatias dure très peu de temps. Après quoi, c'est avec bonheur que l'enfant s'exprime dans les deux langues sans difficulté.

Il faut d'autant plus persévérer si l'enfant a acquis, par sa naissance, les langues respectives de son père et de sa mère. En général, le problème ne se pose pas lorsque la langue étrangère est l'anglais ou l'espagnol, par exemple ; ces langues officielles sont universellement connues donc utiles et respectées. En revanche, si le père est français, résident en France, et la mère originaire d'un village perdu d'Indonésie, l'entourage aura tendance à faire pression sur le couple pour que la mère s'efforce de ne plus parler qu'en français : « Pourquoi encombrer le cerveau de ce petit avec un dialecte pratiqué par moins de six cents personnes sur la planète ? Il vaut mieux lui faire apprendre l'anglais ; au moins, il se fera comprendre où qu'il aille ! » Certes. Toutefois, avant de devenir un grand voyageur, il est issu de cette maman indonésienne, et l'acquisition du dialecte de cette femme va lui donner la reconnaissance de sa mère. « Dans son langage, maman s'exprime aussi bien que papa dans le sien ; je peux en être sûr puisque je parle leurs deux langues. » Alors que si cette femme se laisse convaincre d'abandonner sa langue maternelle, l'enfant, ne comprenant plus rien de ce qu'elle dit en indonésien, et comprenant mal ce qu'elle dit en français, il la supposera inculte.

Je ne résiste pas au plaisir de raconter l'apprentissage de l'allemand par l'écrivain britannique d'origine bulgare Elias Canetti. Lorsqu'il était petit, l'allemand était la langue secrète de ses parents, celle dans laquelle ils s'adressaient leurs messages amoureux. L'enfant, à force de voir leurs yeux tout brillants de lumière heureuse, voulut absolument comprendre ce qu'ils se disaient. En cachette, tous les soirs, il nota tous les mots jusqu'à ce que cette langue lui devienne assez familière pour qu'il soit, lui aussi, intégré dans le secret[1]...

Concernant les jeunes et leur langage, le catastrophisme est très « tendance » si on se réfère aux solutions proposées en 2005 par la Commission Prévention du groupe d'étude parlementaire. Dans ce rapport, le fait que les parents utilisent leur langue maternelle à la maison est présenté comme le creuset de la délinquance des enfants ! Du point de vue du simple apprentissage, il vaut toujours mieux que les enfants entendent une langue étrangère bien parlée qu'un français approximatif. D'un point de vue psychologique, les solutions proposées dans ce rapport – au demeurant truffé de fautes d'orthographe – semblent totalement inadaptées. En plus de nier l'importance des racines dans le processus d'évolution de l'enfant, de dégrader l'image maternelle, donc de détériorer la nécessaire identification au parent, ce rapport ignore que ce n'est pas la langue dans laquelle on transmet le message qui importe, mais le contenu du message ! Non

1. *Cf.* Elias Canetti, *Histoire d'une jeunesse, la langue sauvée* (1977), Albin Michel, 1980.

seulement ce rapport semble en opposition avec la bientraitance, mais il ne tient pas compte des observations faites sur les terrains de l'enfance, c'est-à-dire les écoles primaire et secondaire, le collège, le lycée, la faculté, le cabinet de psychothérapeute et le foyer familial.

LE DROIT À L'ENNUI

La vie moderne en Occident a beau être considérablement plus facile au quotidien que celle menée par nos grands-mères, on peut la qualifier de chrono-maltraitante parce qu'elle impose aux individus de suivre un rythme inutilement soutenu. « Pas le temps ! » : ce leitmotiv est à ce point généralisé que chacun le plaque en facteur commun devant tout ce qui n'a pu ou voulu être réalisé ou a été mal exécuté. Alors même que les maisons sont de plus en plus équipées d'appareils censés faciliter les tâches domestiques, que les transports sont de plus en plus rapides et confortables, que l'information est à portée de zappette, que la culture mondiale déferle sur nos écrans d'ordinateurs d'un simple clic, et que les loisirs sont presque obligatoires, la journée des membres d'une même famille ressemble à un défi marathonien.

Peu après l'exaltation résurrectionnelle de l'après-guerre, lorsque tout semblait facile et à portée de tous, des artistes, des intellectuels et des adolescents, déjà noyés dans les gadgets accumulés par leurs parents, avaient, pressentant la suite désastreuse, prôné un retour urgent aux valeurs et au mode de vie ancestraux. Cette belle révolution (re-évolution) de la mouvance hippie est vite tombée en désuétude, maltraitée par des intérêts très éloignés des soucis ethnologiques, écologiques et philosophiques.

C'est dommage, parce que, parmi les leçons à retenir de ce mouvement, il y avait le droit de paresser, de musarder et même de s'ennuyer. *Make Love not War* n'est plus qu'une formule matérialisée par des badges « vintage »... Mais cet immense mouvement novateur que représente déjà la bien-traitance prône, à son tour, l'idée de rendre aux individus du temps pour s'aimer, ainsi que l'écrit Hélène Sallez : « Le temps partagé à la maison est si chargé et tellement concentré en obligations, que le temps pour être et éprouver des sentiments est fort rare. Bien des couples qui se séparent ne sont pas des couples qui ne s'aiment plus, mais des couples qui n'ont plus de temps ni d'espace pour aimer et se sentir aimés[1]. » Ce qui est vrai pour le couple l'est bien sûr pour les rapports avec les amis et, surtout, avec les enfants. Dans les pays occidentaux dits évolués, l'emploi du temps des enfants scolarisés n'a rien à envier à l'agenda d'un chef d'entreprise : école, cours de tennis, initiation au modelage, séances d'orthophonie, rendez-vous chez le pédopsychiatre, etc. Ce plan d'occupation du temps est mis en place par des parents soucieux de ne priver de rien leurs chers petits, soucieux aussi de ne pas passer à côté d'une maladie, d'un mal-être, d'une frustration quelconque. Privé de ces exquises heures d'ennui, l'imaginaire des enfants a bien du mal à s'exprimer !

Face à leurs parents, également privés de vacuité, les enfants sont censés deviner « qu'on les aime » à la somme de choses qu'on exige d'eux, et de choses qu'on achète pour eux. Il est vrai que ce sont des preuves de l'importance que l'on donne aux enfants, mais est-ce aussi évident à comprendre quand on n'a pas encore dix ans ? Sur le seuil de sa chambre, face à l'ordinateur, à la console de jeu, à la tenue de karaté, aux cent jouets accumulés, quel enfant oserait

1. Hélène Sallez et Bernard This, *Tous jaloux ? Lorsqu'un autre enfant paraît,* Belin, coll. « Naître, grandir, devenir », 2005.

accuser ses parents de maltraitance involontaire ? de générosité pernicieuse ? d'altruisme paralysant ? Impossible, à la table familiale, de contester bruyamment par : « Et puis d'abord, on trouve toujours tout dans cette maison ! On cherche un jouet, et y'en a cinq qui apparaissent… y'en a marre, à la fin ! » À qui confier la souffrance d'un trop-plein d'objets, d'attentions, de loisirs, de tout ? Ni aux parents ni aux enseignants, mais au monde entier, par l'intermédiaire des blogs (contraction de Web et *log,* mot anglais qui signifie « carnet ») ou des chats. Ou aux copains…

LES COPAINS DANS L'ENFANCE

Les copains et, *a fortiori,* les liens que les enfants, même très jeunes, tissent avec ces copains constituent un des aspects importants de la construction de l'enfant et de l'adolescent. Quoi de plus merveilleux, en effet, que de trouver en l'autre le miroir qui reflète les mêmes préoccupations ? Enfin un vrai « semblable » à même de comprendre les souffrances et les questionnements qui tourmentent chaque enfant, à un moment ou à un autre. Cela explique sans doute les difficultés que l'enfant éprouve, au moment d'un déménagement ou d'un changement d'établissement scolaire, quand il doit se séparer de ces êtres précieux que sont les copains. Plus qu'un chagrin, c'est un déchirement, une amputation d'une partie de lui-même.

Si l'intensité de la relation amicale peut être comparable à tout moment de la vie, elle s'articule différemment selon l'âge de l'enfant.

Pour les tout-petits, il y a de véritables amitiés qui se nouent à la crèche ou chez la nounou. La relation à l'autre est souvent une grande motivation (parfois même la seule !) pour supporter la frustration provoquée par la vie collective et les règles qu'elle impose. Si la bientraitance suppose de respecter ces liens d'amitié, elle suppose également de veiller à ce qu'une amitié trop exclusive ne conduise pas au rejet de tous les autres liens possibles. Le rôle des adultes, parents comme enseignants, consiste à créer un cadre capable de favoriser les échanges multiples entre les enfants.

Aux alentours de dix à douze ans, de plus en plus d'enfants utilisent Internet pour se faire des amis. Sur le Net, non seulement on n'a plus peur, mais, en plus, on a le choix ! Graves ou légers, tous les sujets peuvent être abordés, comparés, discutés anonymement, donc sans que l'enfant risque d'être jugé. Dans la réalité, on a UN meilleur ami. Sur le Net, des dizaines de copains virtuels sont à l'écoute. En plus, ces copains inconnus ne sont pas encombrants puisqu'on ouvre l'ordinateur quand on le désire. Ainsi « cadrés », ces correspondants restent en dehors de la relation réelle avec le meilleur et unique ami sans que celui-ci s'en offusque, sans qu'une jalousie le fasse fuir en rejetant l'enfant.

Avant la télévision, les enfants mal entendus fuguaient ou tenaient un journal intime dont ils se doutaient qu'il ne serait jamais lu mais qui, au moins, recelait leurs amertumes ailleurs qu'au centre d'eux-mêmes. Depuis l'avènement d'Internet, ils ont la possibilité de lancer leurs bouteilles à la mer sous forme de blogs, c'est-à-dire de pages qu'ils remplissent librement de leurs ressentiments, de leurs satisfactions. Tout internaute pouvant accéder à ces confessions, les enfants considèrent cela comme une chance puisqu'ils sont assurés d'être lus. Cette chance est relative car ils ne sauront jamais qui les aura lus ni ce que des inconnus en feront. Mais même s'ils sont avertis des dangers réels, leur besoin d'expectorer leur souffrance est plus grand que leur peur d'y perdre la sécurité.

Peut-être les dangers d'être lus par des personnes dangereuses sont-ils moindres que ceux encourus dans le silence et le mutisme ? N'être pas entendu, donc considéré, suscite plusieurs comportements possibles : le repli sur soi, la résignation, l'agressivité incontrôlée vers l'autre ou vers soi (suicide), l'extraversion extérieure, la sublimation (par la pratique d'un sport, d'un art), entre autres, et, l'une des phases intermédiaires entre le désintérêt de soi et le suicide, l'adhésion à une reconnaissance artificieuse, par exemple une secte. Or, « toute secte, en quelque genre que se puisse être, est le ralliement du doute et de l'erreur », écrivait Voltaire[1]. Autant que possible, les parents ont intérêt à favoriser l'immersion de leur enfant dans le monde des copains, turbulents, certes, mais infiniment plus sains à fréquenter que ceux, invisibles, du Net…

La bientraitance étant fille de la vigilance et de l'expérience, ne perdons pas de vue qu'Internet est l'outil préféré des pédophiles ! Rapide, pratique et anonyme, le pédophile feint, pour entrer en contact avec un enfant, d'en être un lui-même. L'enfant, mis en confiance par des semaines et des mois de communication avec « ce gars super-cool », peut être tenté de se rendre au rendez-vous fixé par celui-ci, ce qu'il ne faut jamais faire sans l'accompagnement d'un parent adulte. Il peut du moins être tenté de lui transmettre ses coordonnées, ce qu'il ne faut pas faire non plus.

Quel que soit l'âge de l'enfant, les copains l'aident à grandir en dehors de la famille et, finalement, à s'en échapper. Ce n'est déjà pas si mal. Qui sait si, en plus, sous l'influence de sa copine de classe, votre petit garçon n'aura pas envie, pour l'épater, de réviser ses leçons ? S'il vous réclame un cahier de vacances, ne cherchez plus, cette copine est très influente et, par chance, cette influence se révèle bientraitante.

1. Voltaire, *Dictionnaire philosophique* (1764), GF-Flammarion, 2004.

Les devoirs de vacances au crible de la bientraitance

Les avis sont très partagés sur les bienfaits ou méfaits des devoirs de vacances. Durant toute l'année scolaire, l'enfant a travaillé, ingurgité un nombre considérable de nouveaux concepts, essayé d'être performant dans de nombreux domaines. Il a absolument besoin d'une coupure pour reprendre son souffle, rêver, ne rien faire et, pourquoi pas, s'ennuyer. Cette pause est vitale pour le cerveau qui, après avoir été en surchauffe, doit pouvoir classer et assimiler tout ce qui lui a été proposé, imposé. Toutefois, pour un cerveau d'enfant avide de nourriture, deux mois de vacuité seraient excessifs.

La solution la mieux traitante consiste à laisser l'enfant faire ce qui lui plaît, y compris rien s'il préfère, pendant le mois de juillet. Et puis, en août, si les parents se sentent rassurés par le rituel du cahier de devoirs de vacances, l'enfant peut s'y consacrer régulièrement à condition d'adapter le temps d'étude à son âge. S'il est en maternelle, un quart d'heure par jour ; s'il est en cours élémentaire, pas plus d'une demi-heure. Et, même pour les plus grands, trois quarts d'heure suffisent largement à garder le contact avec le programme scolaire. Si l'enfant ne veut pas finir le cahier, ou s'il saute un jour d'étude, mieux vaut attendre le lendemain mais il ne faut en aucun cas le menacer de sanctions.

Non seulement la paresse n'est pas systématiquement mère de tous les vices, mais elle est un art à la fois difficile et nécessaire. La paresse ponctuelle a, sur le cerveau, le même effet que la sieste ou les phases de rêve du sommeil : un bon nettoyage et un savant rééquilibrage. Ce lâcher prise peut être mis à profit pour accompagner l'enfant dans un moment studieux sans même qu'il s'en doute : « Tu viens, Karine ? On va faire un bouquet… J'ai déjà cueilli sept coquelicots rouges ; cueille deux fois plus de chardons mauves et, pour que ce soit vraiment joli, si tu pouvais trouver deux épis de blé pour chaque fleur… Tu sais pourquoi les boutons de coquelicots sont poilus ? Et pourquoi les chardons sont piquants ?…. » En plus d'avoir partagé un délicieux moment, la petite fille du CP aura révisé plus de choses en mathématiques et en botanique que dans son cahier de devoirs. Et elle n'oubliera pas la leçon puisqu'elle aura été ancrée dans l'affect par sa fierté au moment de déposer le bouquet sur la table familiale. Pour chaque individu, tout au long de chaque journée, il y a matière à révisions et à apprentissage. La joie, l'amusement, la curiosité donnent envie de voir plus loin, de comprendre, donc d'apprendre sans s'en rendre compte, ce qui est infiniment bientraitant ! Pour les plus grands, il y a pléthore de jeux de société qui ouvrent d'autant plus l'esprit qu'on les pratique avec d'autres adolescents. Lire des livres ensemble, se raconter des histoires, écrire de belles cartes postales et tenir un journal de bord sont autant de moyens formidables pour mettre en pratique les acquis de l'année.

Si l'enfant a été en échec scolaire pendant l'année, ce n'est sûrement pas le cahier de vacances qui le remettra à niveau ; d'abord, ce n'est pas son rôle et, bien sûr, l'enfant le remplira avec la même mauvaise volonté qu'il a mise à faire ses devoirs tout au long de l'année scolaire. C'est sa relation à l'apprentissage qu'il faut comprendre pour l'aider à la changer. Et puis, pour compenser la mauvaise image que son échec scolaire lui renvoie de lui-même, il reste, dans l'immédiat, les activités extrascolaires dans lesquelles ses aptitudes naturelles vont faire merveille. La musique, le dessin, le jeu, le sport…

Le sport : selon l'âge, les dispositions et les inclinations

Chaque sport requiert des qualités physiques et mentales spécifiques. Si la pratique du basket allonge la colonne vertébrale et les membres, il sera difficile, pour un enfant râblé et court sur pattes, de mettre le ballon dans le panier. S'il est vrai que la pratique de la danse classique délie l'encolure et assouplit la taille, la petite fille déjà grande et en surpoids sera vite découragée devant l'aisance et la grâce de camarades naturellement petites mais dotées de jambes longues et d'attaches fines.

Les parents attentifs à bientraiter leur enfant doivent donc veiller à s'enquérir d'abord de ses préférences en matière de sport, puis de ses aptitudes naturelles. Le garçon plutôt solitaire et réservé optera d'abord pour le tennis, la natation ou l'équitation. C'est très progressivement qu'il acceptera – peut-être – d'accéder à un sport plus collectif. La petite fille débrouillarde, vive et joviale sera sans doute à l'aise tout de suite au sein d'un club de hand-ball.

Si tous les sports peuvent faire du bien et offrir du plaisir aux enfants, certains ne se pratiquent que dans l'optique de la compétition, or cela nécessite un esprit particulier que tous les enfants ne partagent pas.

Le sport le mieux traitant pour l'enfant est celui qu'il souhaite pratiquer et pour la pratique duquel il est doté des qualités de base requises. Ainsi, et ainsi seulement, il évitera les échecs trop cuisants qui, dès le départ, le laisseraient vexé, découragé et malheureux.

Les poupées mannequins

Que ce soit pour Noël, pour l'anniversaire ou pour récompenser un effort particulier à l'école, c'est souvent que se pose la question des cadeaux à faire aux enfants. Parmi tous les possibles, celui que les mères répugnent à offrir à leurs filles est la poupée mannequin. Il ne s'agit plus, comme avec un baigneur, de s'identifier à de petites mamans, mais à des femmes. Or, quelle est cette femme à laquelle elles s'identifient ? Une espèce d'écervelée qui ne pense qu'à ses longues jambes, à sa garde-robe et à faire du ski pour montrer ses dernières lunettes de soleil. Pour sa fille, chaque mère envisage un avenir réussi, certes, mais grâce à l'intelligence, au talent, à la ténacité, c'est-à-dire à des valeurs fondamentales, et non grâce à l'apparence, à l'arrogance ou à la désinvolture superficielle que renvoie l'image de cette figurine.

Que les mères se rassurent ; leurs petites filles ne sont pas dupes. Elles savent bien qu'elles « jouent » à être des sex-symbols. Avant l'émergence de ces femmes miniaturisées, les petites filles adoraient déjà faire des mines devant le miroir, glisser leurs pieds dans les chaussures à talons de leur mère et voler leur bâton de rouge à lèvres. Elles jouent à être des petites femmes et, si cela met les parents tellement mal à l'aise, c'est parce que nous avons tous beaucoup de mal à accepter l'idée qu'un enfant puisse être sexué. Qu'elles entrent en rivalité directe avec leur mère n'a rien d'alarmant ; ce n'est qu'un des moments de leur évolution qui leur permettent de grandir. Ce n'est pas la poupée mannequin en elle-même qui provoque le fantasme, mais elle s'appuie délibérément sur le fantasme potentiel et c'est ce qui fait sa force. Ce n'est pas parce qu'un petit garçon joue avec des monstres qu'il va devenir un monstre lui-même… La bientraitance consiste à accéder à un désir de la petite fille, désir légitimé par l'effort qu'elle a fourni pour le mériter. Il est bientraitant, aussi, de lui rappeler que cette poupée est un jouet, à l'instar du Mickey offert à son petit frère. Un jouet, donc une représentation improbable, très déformée, de la réalité.

La poupée mannequin matérialise un fait de société par l'image de la femme telle qu'on la donne à voir. Pourtant, si l'on transposait les proportions du corps de cette poupée mannequin à l'échelle humaine, « l'humain idéal » en question se casserait en deux car il ne pourrait matériellement pas tenir debout. Les femmes en ont assez qu'on leur demande de mettre en pratique sur leur corps des choses impossibles ! La notion d'idéal n'a pas grand-chose à voir avec la bientraitance ; idéaliser, c'est parfois mépriser l'objet de l'idéal en le reconnaissant insatisfaisant tel qu'il est vraiment. Mais, les enfants n'étant jamais aussi simplistes que les adultes l'imaginent, les parents pourront offrir de nouvelles pièces de garde-robe pour la fameuse poupée mannequin, au prochain Noël…

Faut-il croire au Père Noël ?

Deux points de vue s'affrontent :

– les Anglo-Saxons y tiennent beaucoup. Ils soutiennent que, puisque le Père Noël SAIT quels sont les bons et les mauvais parmi les enfants, cette légende encourage le développement moral de l'enfant. Cependant, l'apprentissage des valeurs morales s'élabore surtout à partir de l'exemple qu'en donnent les parents et les adultes qui entourent l'enfant, en particulier par leur façon de pratiquer et d'aborder le mensonge et la vérité ;

– pour les croyants, mentir sur quelque chose d'aussi important et banaliser la réelle signification de Noël au profit de ce mensonge est grave, presque blasphématoire ; quant aux adeptes de la vérité à tout prix, ils ont l'impression de se rendre complices d'une imposture.

Les mythes, les contes et les légendes font partie de la pensée magique pour les enfants en âge préscolaire. Ce ne sont pas des mensonges mais des scénarios que se construisent les enfants dans leurs jeux du « faire semblant ». D'ailleurs, l'usage qu'ils font très vite du conditionnel laisse penser qu'ils ne sont pas dupes puisqu'ils utilisent un temps différent : « On dirait que tu serais un méchant voleur et que je serais le policier… » Quand un adulte leur lit une histoire de lutin, de dragons et de fées, ils y croient à fond tout en demeurant, là encore, sur le seuil de la réalité.

La légende du Père Noël permet donc à l'enfant de fabriquer et de favoriser lui-même sa propre croyance et sa propre chance : « Noël, c'est bientôt… Maman a déjà accroché le calendrier avec les petits papiers… » Et, pendant un mois, l'enfant vit sous un regard virtuel à la fois bienveillant et lucide. Les parents soucieux de ne pas mentir peuvent évoquer la fête des enfants, fête des surprises et des décorations, des cachotteries et des mystères où l'on se raconte toutes les légendes qui tournent autour du Père Noël : les rennes, les lutins… Et ce sont les enfants, finalement, qui font aux adultes le merveilleux cadeau de croire ou de faire semblant de croire au Père Noël.

La bientraitance, ici, consiste à encourager l'imaginaire, à offrir à l'enfance une très belle histoire qui, plus tard, deviendra de la belle mémoire. Sans toutefois affirmer : « Si ! Le Père Noël existe, je l'ai rencontré. » Donc, sans se rendre coupable du méfait de mensonge ni déroger aux règles de la bientraitance.

Quatrième partie

Construire de quoi s'envoler

L'ADOLESCENCE ET SON INCONTOURNABLE CRISE

En préambule, comment résister à l'envie de citer trois des poncifs les plus répandus concernant les adolescents :
– « Notre jeunesse d'aujourd'hui est mal élevée. Elle se moque de l'autorité et n'a plus de respect. Nos enfants répondent à leurs parents et, bien souvent, bavardent au lieu de travailler. »

– « Je n'ai guère d'espoir pour l'avenir de notre pays si la jeunesse d'aujourd'hui prend le commandement demain, parce qu'elle est devenue insupportable et sans retenue. »

– « Les jeunes gens d'aujourd'hui sont devenus paresseux. Ils ne seront jamais comme autrefois. Seront-ils capables de maintenir notre culture ? »

Qui en sont les auteurs respectifs ? La première phrase est de Platon, vers 420 av. J.-C., la deuxième a été écrite par Hésiode, vers 720 av. J.-C., et la troisième a été découverte à Babylone, gravée sur une poterie d'argile remontant à plus de cinq mille ans… Ces trois citations prouvent à quel point, de tout temps, les ados ont été considérés par les adultes comme des individus incapables. Après lecture de ces sentences, les vôtres, d'adolescents, vous semblent-ils aussi horribles qu'on veut bien nous le dire ? Et, dans le cœur de chacun des adultes, ce temps de leur adolescence a-t-il complètement disparu ? Pour une bientraitante appréhension de vos adolescents, gardez à l'esprit l'intemporalité de leur mal-être, leur mal de vivre, leur agressivité et leur hyperémotivité, car là se trouvent les causes de votre propre malaise face à eux. Cette simple mais quotidienne précaution vous évite d'aggraver, par de vaines prédictions, leur difficulté à gérer un esprit encore enfantin dans un corps déjà adulte. Agressive, égoïste, paresseuse, insoumise, souillon, dissimulatrice, hyperphagique ou « addict » aux aliments bio ? Réjouissez-vous, votre fille est donc une adolescente parfaitement normale.

L'adolescence représente une période extrêmement inconfortable et pleine d'embûches pour l'adolescent ET pour son entourage… Il est difficile, en effet, d'être bientraitant face à un ado qui erre dans la maison en traînant à la fois les pieds et son inexplicable mal de vivre. Les parents, critiqués sur tout et tout le temps, se sentent perpétuellement agressés. Alors, comme tout humain agressé sans raison apparente, ils réagissent violemment face à cet enfant qu'ils ne reconnaissent plus. Ce qui est sûr, c'est que l'adolescent ne se reconnaît plus non plus. Son corps change trop vite ; il grandit dans le désordre : les bras et les jambes s'allongent démesurément, les poils sont épars et, concernant les garçons, même leur voix leur échappe et les trahit en coassant au beau milieu d'une tirade contestataire. Et s'il n'y avait que ça… Lorsqu'un ado croise une ado plutôt mignonne, son corps est soumis à de brusques bouleversements… immédiatement identifiables par la fille qui, évidemment, rougit et pouffe de rire. Il est inutile d'en rajouter en se moquant de ces premiers émois. D'expérience, l'adulte sait que ces émotions extrêmes s'apaisent au fil des années ; pourtant, l'adulte bientraitant doit puiser en sa propre mémoire de quoi comprendre l'importance de ces sentiments absolus. Comprendre et attendre. L'attitude bientraitante des parents doit être le respect, la compréhension et la disponibilité. Questionner un ado est complètement inutile ; en revanche, l'écouter lorsque, par extraordinaire, il recherche votre présence et votre conseil, reste précieux et salvateur.

Parce que LA grande question n'est ni la carrière à choisir, ni les études à suivre, ni les diplômes à obtenir, c'est l'amour et les multiples questions que se pose l'adolescent(te) à son propos. Mais à qui en parler si, à la maison, les parents se contentent de hausser les épaules et d'énoncer un poncif du genre : « Bah ! Ce n'est pas grave ; ça te passera avant que ça me reprenne » ?

L'AMOUR ADOLESCENT ET LA SEXUALITÉ

Un copain d'école fort en maths – et plutôt craquant – stimule en votre adolescente l'envie de s'y mettre aussi ? Votre adolescent allergique au crin de cheval, qui refusait de vous accompagner dans les padoques en prétextant l'épouvantable odeur de crottin, passe tous ses week-ends à étriller des chevaux au centre équestre et s'entraîne au saut d'obstacle ? Votre fille nullissime en maths devient la Lily Laskine de l'équation ? Ne cherchez plus : vos ados sont amoureux… réjouissez-vous car, entre tous les sujets d'exaltation possible, et même s'il est responsable de déchirements douloureux, de bouleversements spectaculaires et de comportements incohérents, l'amour est bien évidemment préférable à la violence…

La sexualité, qu'elle soit de l'adulte ou de l'enfant, est un domaine intime, absolument privé, dont on n'a pas envie de parler spontanément avec ses parents. Au contraire. Pourtant, bon nombre de jeunes garçons sont inquiets face à leur première éjaculation. Et bien des filles, mal préparées à l'arrivée de leurs premières règles, s'imaginent, ce jour-là, des choses épouvantables, au lieu de se réjouir de cette preuve que leur corps est en parfait état de marche, le premier flux sanguin matérialisant, en même temps que la mort de leur enfance, les naissances possibles à venir.

Pour ces garçons et ces filles, les interrogations se surajoutent. Impossible de répondre ici à toutes les questions que se posent en silence les adolescents mais, en urgence : « Oui, forcer une fille c'est violer ! » Et puis : « Non, se masturber ne rend pas sourd ; ça n'envoie pas non plus directement en enfer ! » Les magazines, choisis au hasard, les renseignent plus que nécessaire sur tous les aspects mécaniques et anatomiques de la sexualité. L'information sexuelle transmise au collège et au lycée laisse trop souvent de côté les facteurs émotionnels au profit d'une prévention, nécessaire certes, mais totalement glacée.

Et le sentiment amoureux, alors ? Il y a un grand décalage entre le langage souvent volontairement très vulgaire, voire ordurier, employé par les ados et, d'autre part, la pudeur des sentiments que l'on décèle en eux quand on prend la peine de les écouter vraiment. Du *Grand Meaulnes* à Rocco Siffredi, il n'y a de différence qu'une pellicule d'apparence, une couleur à la mode.

La multiplication des films érotiques (pour ne pas dire pornographiques), auxquels les ados ont désormais accès, rend urgent ce dialogue avec eux. Leurs ricanements de malaise et leurs provocations défensives cèdent rapidement devant un adulte bienveillant, pourvu que celui-ci soit doté d'un soupçon de patience et d'un peu de mémoire. Les plus défavorisés se trouvent être ceux qui, bien que ne les comprenant pas toujours, les aiment vraiment : leurs parents. Pour résister à l'envie d'apporter une réponse péremptoire aux questions sous-jacentes, les parents doivent se rappeler leur propre irritation d'autrefois face à leurs propres parents. Pour des ados soumis aux sentiments les plus extrêmes, les plus contradictoires et les plus inexplicables, il est insupportable de s'entendre dire : « Tu t'emballes à tort. Crois-moi, je sais de quoi je parle. » Bientraiter l'adolescent, c'est faire confiance à son extraordinaire pouvoir de résilience, à ses capacités d'apprentissage, de compréhension et d'adaptation. Un parent bientraitant se doit de respecter la pudeur de ses adolescents ; cependant, il se doit aussi de prendre au sérieux tout ce que l'adolescence implique d'événements perturbants.

Telle mère qui, dès l'apparition des signes de puberté chez sa fille, évite le sujet en croyant respecter l'intimité de la jeune fille qui saigne, la laisse dans la peur et la solitude. Oublie-t-elle que, autrefois confrontée au même événement, elle avait paniqué face à cette hémorragie ? Ou croit-elle, en minimisant l'événement, donner de la réassurance ? À moins que, secrètement, elle vive difficilement l'accès au statut de jeune femme de sa fille qui bientôt la reléguera, elle, à celui de vieille femme passée au second plan.

Du côté du père, la tentation est surtout d'éviter les discours… à peine une anecdote graveleuse concernant les performances sexuelles des hommes de la famille. Mais comment va réagir l'adolescent affligé de longs bras, de longues jambes maigres et d'une verge encore enfantine, tellement différente de ce qu'il voit dans les films ou les magazines ?

Pour entrer en contact avec un ado qui fait semblant de ne pas entendre mais qui pourtant n'attend que ça, donc pour bientraiter l'adolescence de leur enfant, les parents doivent ruser. Ils doivent d'abord identifier les questions non posées, prévenir les réactions morbides, éviter d'agresser l'adolescent par des remarques pertinentes mais dangereusement blessantes. Ils doivent ensuite utiliser, comme déclencheur éventuel de paroles, tous les moyens mis à leur disposition par telle émission de télévision, tel article de journal, tel livre, etc. Et, surtout, sans rien suggérer en direct, ce qui ferait fuir *illico* l'adolescent déçu. Qu'un adulte éclairé prononce exactement ce qu'un adolescent est en train de penser est parfois ressenti par l'ado comme un viol. Dévoiler sa propre pertinence en présence d'un adolescent peut se révéler dangereux. Il se sent déjà tellement encombré de son corps, de ses doutes et de ses peurs que si, en plus, on le dépossède de ce qu'il croit être un énorme secret, il se sent mis à nu et, perdant son refuge de mystère et de silence, il peut développer une envie de fuir… Jusqu'où ? par quel moyen ?

Ce qui peut le concerner, l'intéresser, doit justement être placé là où il ne s'y attend pas, afin qu'il ait la bienfaisante impression de découvrir lui-même quelque chose d'important. Alors, aux parents de faire de leur mieux : coincer le magazine sur la santé sous le couvercle de la poubelle en prenant soin de laisser dépasser le terme accrocheur ; glisser le bon livre sous le programme télé de façon qu'il tombe et soit découvert au premier geste ; déposer, près du rasoir de son père, le flacon de lotion anti-acné, etc. Soyons sûrs, aussi, qu'ils auront apprécié nos maladresses puisqu'elles leur auront prouvé notre respect.

Être parents bientraitants d'un adolescent, c'est être présent envers et contre tout, même contre l'adolescent qui ne se prive pas de les envoyer balader. C'est une période particulièrement difficile pour les parents car l'ado va marquer son indépendance avec force, insolence et provocations. Difficile pour l'ado, car son autonomie apparente et ses provocations successives sont une demande implicite et permanente de réassurance qu'on ne l'abandonnera pas : « Je suis odieux, je ne sais pas pourquoi, mais je fais exprès d'être odieux et je veux être aimé quand même ! »

Et, puisque la bientraitance suggère de garantir aux enfants, si possible, une vie bien faite et bien pleine, les parents peuvent leur éviter, sans en avoir l'air, quelques-uns des pièges où sont tombées des générations d'hommes et de femmes avant eux en matière de vie sexuelle. L'un d'eux, sans être le plus dramatique, loin s'en faut, vaut d'être connu dès le début de la vie sexuelle active pour mieux connaître, donc mieux respecter, donc mieux célébrer l'autre. Cette feinte grossière est l'habitude que prennent très vite les filles de simuler l'extase. N'ayant souvent d'enseignement que celui, discutable, prodigué par les films, les filles s'imaginent qu'il faut absolument hurler de plaisir, quitte à le simuler, pour rassurer leur compagnon sur ses propres capacités viriles. Ce qui, évidemment, convainc ces pauvres garçons qu'il faut faire hurler les filles. Ce simple quiproquo est, à lui seul, responsable de bien navrantes déconvenues.

Et, si l'adolescence en général est une période vraiment difficile pour les enfants et pour les parents, elle l'est tout autant, mais parfois différemment, pour les enfants adoptés, et donc pour les parents adoptifs...

Les ados adoptés

L'enfant adopté traverse sa crise d'adolescence différemment des autres adolescents parce qu'il traverse parallèlement une véritable crise d'identité. Cette période de la vie lui demande une énergie psychique particulièrement importante puisqu'il doit faire le tri dans tous les sentiments et tous les attachements auxquels il se doit d'être loyal.

Revenons à la préadolescence. Entre huit et douze ans, TOUS les enfants s'aperçoivent que leurs parents ne sont pas tels qu'ils les avaient imaginés, et souvent, que ce soit ou non le cas, ils pensent (et parfois espèrent !) avoir été adoptés. Le rejet qu'ils font des parents en est d'autant moins culpabilisant. Ce phénomène semble renforcé lorsque l'enfant est réellement adopté, car il peut alors idéaliser plus encore cette « vraie mère » ; cette mythique entité est forcément meilleure que celle qui l'accompagne dans la vie.

À l'avènement de son adolescence, la perte de repères devient plus importante ; le désir de rupture avec « la famille de tous les jours » va pouvoir s'appuyer sur cette légitimité présupposée par l'ado : « En plus, tu n'es même pas ma vraie mère ! » ; sous-entendu : « Donc, je peux me détacher de toi sans culpabilité. »

La transformation corporelle de l'adolescence n'arrange rien : « À qui est-ce que je ressemble et d'où je viens ? » Ces interrogations deviennent prépondérantes, surtout multipliées par le facteur amplificateur et volontiers dramatisant de cette période particulière : « Est-ce que mes seins vont devenir énormes ? » « Est-ce que mon sexe va rester tout petit ? Je n'ai aucun élément génétique de comparaison, personne pour me dire “Moi aussi, à ton âge…”. »

Que l'on soit parent naturel ou parent adoptif, on fait ce que l'on peut avec ce que l'on est. Pour aider leur enfant pendant cette période chaotique, les parents doivent se rappeler qu'ils sont avant tout des parents. Parents naturels, parents adoptifs, mais parents ! Ils ne doivent pas perdre de vue que l'adolescence est un passage, qu'elle finira donc par passer, puis par être dépassée, mais que la souffrance de l'adolescent est bien réelle et que cette souffrance peut perdurer bien au-delà de l'adolescence.

En outre, aux parents adoptifs, autant qu'à leur enfant adopté, on peut suggérer d'encadrer et de suspendre très visiblement le texte de cette loi : « L'adoption est un acte IRRÉVOCABLE et ces parents-là sont les siens pour la vie même si eux ou lui-même souhaitaient le contraire. »

La mode est aux jugements prédictifs sur les enfants adoptés : « Tu es adopté, donc tu seras inadapté et ta crise d'adolescence sera terrible ! » Les blessures d'enfance sont le lot de nombreux enfants et, comme ceux-là, les enfants adoptés devront dépasser cette crise par une communication fondamentale avec leurs parents adoptifs. Ils devront en passer par là ; ils pourront en passer par là.

Enfin, il serait temps que l'on cesse de réduire l'enfant adopté à son adoption. Pour tout autre adolescent présentant des problèmes, les professionnels et les parents vont chercher de multiples raisons à son comportement. Pour l'enfant adopté, la recherche sera très courte : l'adoption est FORCÉMENT la cause du problème… C'est évidemment plus facile.

Quoi qu'il en soit, adopté ou naturel, tout comme il le faisait déjà dans son enfance, l'adolescent en crise cherchera refuge et réconfort auprès de ses semblables, c'est-à-dire les copains de son âge…

La bande de copains à l'adolescence

En plus de tout ce que les copains apportent depuis l'enfance, pour un adolescent, le copain est une partie d'un tout qui s'appelle « la bande ». Ce groupe aide à se démarquer de l'emprise familiale vécue, en ces années de puberté, comme insupportable. C'est une période où les copains peuvent être plus ou moins appréciés par les parents qui peuvent les ressentir comme potentiellement dangereux. En réalité, ils ne le sont que très rarement, même s'ils transgressent quelques interdits. Là encore, la bientraitance consiste à affûter la vigilance, car les parents doivent surveiller – sans que l'adolescent se sente espionné ou trahi – la nature de ses fréquentations et les influences qu'il subit peut-être. Surveiller et s'informer, sans perdre de vue que, dans la bande, il peut y avoir un copain à la fois fort en physique-chimie et plutôt mignon, ce qui aura, sur votre jeune fille, la meilleure des influences (voir plus haut : « L'amour adolescent et la sexualité »).

« Tout ça, c'est la faute à... »

Le monde moderne, et avec lui les mesures gouvernementales, les messages télévisuels, cinématographiques, écrits, etc. sont souvent incriminés par les parents dès qu'un enfant succombe à la violence ou à la sexualité. Facile. Ici, la bientraitance consiste à reconnaître qu'aucun mode de vie, aucun discours, aucune image n'a le pouvoir de susciter des comportements sexuels ou violents sur des individus qui n'y seraient pas prédisposés, que ce soit par leur nature, par leur éducation, par leur entourage ou par les coutumes de la société dans laquelle ils évoluent.

De nombreuses nouveautés ou audaces – prototypes du monde moderne d'aujourd'hui – seront vécues demain comme des traditions acquises et référentes. Des réformes autrefois très controversées se sont révélées à l'usage très bientraitantes et ne sauraient aujourd'hui être remises en question sans soulever de vigoureuses protestations. C'est le cas de la mixité à l'école. Mise en place après la guerre dans l'unique souci d'économiser les frais entraînés par la création d'écoles laïques spéciales pour filles, cette mesure a permis à un grand nombre de filles d'accéder plus facilement aux études supérieures. De plus, par cette promiscuité inédite, elle a autorisé une meilleure connaissance mutuelle des deux sexes.

Quant à la télévision, si décriée par ceux dont l'autorité reste sans effet (enseignants et parents notamment), elle a permis au plus grand nombre de découvrir les aspects les plus divers de notre planète, c'est-à-dire une culture infiniment plus étendue. Ses effets, comme les effets de tout ce qui est proposé aux hommes, sont bientraitants ou malfaisants selon ce que chacun en fait. Les parents bientraitants, qui observent, écoutent et suivent de près l'évolution de leurs enfants, apprennent à faire de cette boîte à connaissance un précieux allié de leur système éducatif.

Décidément non, tout n'est pas forcément pire aujourd'hui, et il importe de considérer avec bienveillance les courants qui agitent le monde en songeant que toute évolution durable commence généralement par un bouleversement désordonné. Cela dit, la bientraitance ne prône pas la révolution, même si, nous l'évoquerons à la fin de cet ouvrage, elle est par essence révolutionnaire…

Cela étant, une analyse bientraitante de ces courants admet que le déferlement d'images, de musiques et de discours violents et sexuels à outrance banalise gravement la violence et le sexe. La violence en devient trop aisément la réponse systématique à toute frustration, et le sexe y perd beaucoup de sa saveur et de son intérêt.

Toutes proportions gardées, une cour de récréation est un terrain de chasse, de conquête, et parfois de guerre où se confrontent et s'affrontent de jeunes mammifères encore imparfaitement civilisés. Pour naturels qu'ils soient, leurs jeux d'évaluation de la force et du pouvoir de séduction de chacun sont quelquefois extrêmement violents, sinon dans leur intention, du moins dans leurs conséquences. Du meneur le plus sournois, du chef de bande le plus vindicatif, la mère assure : « Mon gamin était très mignon, c'est les mauvaises fréquentations à l'école qui… et puis c'est la télé, avec tous ces films… C'est tout ça qui l'a rendu violent ! »

À la façon du ravi qui, dans les provinces d'autrefois, faisait en courant le tour de l'église pour payer par procuration les fautes des paroissiens (un tour par péché), chacun cherche un responsable pour déposer sur lui son propre fardeau de manquements. Parmi ces boucs émissaires se trouvent l'autre, les autres en général et la télévision en particulier. Pourtant, une image n'a pas le pouvoir de créer l'envie de la violence ; elle ne fait que la réveiller, l'amplifier et lui enseigner de nouveaux moyens d'expression. En DONNANT l'illusion, cette boîte à images fait semblant de combler tous les manques générés par la réalité. Pour autant, agresser les parents en leur assenant : « Elle a bon dos, la télé ! Pour se conduire aussi mal dans mon école, c'est que chez vous, ça ne doit pas être non plus le *Manège enchanté* ! », cela ne sert qu'à exalter la violence tapie en leur foyer, tout en lui livrant une nouvelle cible en la personne du directeur.

La bientraitance, ici, peut consister à proposer un projet pédagogique élaboré, le cas échéant par l'intermédiaire d'un thérapeute, pour une remise en question du mode de fonctionnement de la famille où le « chef de bande pourtant si mignon » a quand même reçu « la violence en héritage »... La bienveillance n'empêche pas la lucidité.

L'ADOLESCENCE ET LA MORT

L'adolescence est un temps où l'individu est d'abord encombré de lui-même et de l'image changeante qu'il renvoie ; les transformations qu'il subit le préoccupent de façon presque obsessionnelle. La fascination que la mort exerce sur l'adolescent, à partir de films ou de jeux macabres, est une façon d'en conjurer l'inacceptable. Jeux de rôles, écriture, poésie, peinture, sport violent ou autres sont de précieux adjuvants à cette angoisse de mort, et si l'adolescent ne parvient pas à déplacer sa peur de mourir (ou de voir mourir ses proches) vers l'un d'eux, il se laissera submerger par l'anxiété, se réfugiera dans une solitude prématurée – « Puisqu'ils sont tous susceptibles de mourir à n'importe quel moment, mieux vaut prendre des distances le plus vite possible » – ou, pire, dans sa propre destruction.

Les chiffres du suicide chez les ados sont alarmants ! Au sein de la famille comme au sein de l'école (collège, lycée, etc.), l'information doit circuler car, face à la souffrance psychique de l'adolescent, la réaction des adultes est souvent inadéquate : s'il va très mal, on se dit que c'est l'âge et que ça va passer ou, à l'inverse, face au petit mal de vivre, on dramatise. Les causes de la souffrance que l'adolescent montre de manière virulente, mais qu'on n'entend pas ou qu'on entend mal, sont multiples et pas forcément repérables immédiatement. La même crise d'insolence et d'agressivité peut correspondre à une mauvaise humeur passagère due à l'irruption d'un bouton sur le visage justement le jour où l'ado est invité à une fête, ou tout aussi bien trahir un désarroi profond.

Comment distinguer le bénin du gravissime ? L'adolescent se replie un peu sur lui-même et communique moins avec ses parents ? Ce n'est pas très grave, tant qu'il communique avec l'extérieur, que ce soit avec ses copains ou en continuant ses activités (sportives, artistiques, etc.). Dans le cas d'une dépression sérieuse, l'adolescent se replie sur lui-même et s'isole complètement ; il rompt le contact avec sa famille, avec ses amis, avec ses activités et même avec les objets qui auparavant lui étaient précieux : sa guitare, sa planche de surf, etc. Il dort trop ou trop peu, se nourrit de façon sporadique ou se noie dans la nourriture ; il se néglige de plus en plus, s'habille n'importe comment, se lave de moins en moins, et si on l'interroge sur les raisons de ce laisser-aller, il ne sait répondre que : « Je ne sais pas, je m'en fiche. » Il perd l'investissement dans l'intérêt qu'il avait aux choses de la vie. Autant de sonnettes d'alarme qui doivent monopoliser les adultes qui en ont la charge. Incapable de conjuguer le verbe « vouloir » aux temps que la vie propose, il croit n'être plus capable QUE de vouloir mourir. « L'homme préfère encore vouloir le néant plutôt que de ne pas vouloir du tout », a écrit Nietzsche dans *La Généalogie de la morale*[1].

---

1. Friedrich Nietzsche, *La Généalogie de la morale* (1887), Le Livre de Poche, 2000.

Pourtant, vouloir mourir, pour un adolescent, ne signifie pas forcément vouloir être mort…

Un coup de blues d'adolescent nécessite une bonne écoute. Une dépression, qui peut mener au suicide, nécessite un vrai traitement. L'adolescence est un séisme endocrinien et émotionnel qui bouleverse les perspectives de l'adolescent. C'est l'accumulation des manifestations de son mal-être qui doit alarmer les parents et les enseignants.

Aux prises avec les grandes préoccupations de l'humanité que sont la vie, l'amour et la mort, mais avec une intensité extrême, l'adolescent est en train de perdre son insouciance ; consciemment ou non, il fait le deuil de son enfance. Si le rituel du passage consiste à remiser ses peluches, son lapin porte-pyjama, son jeu de construction, et à ronchonner si sa mère l'appelle encore « mon bébé à moi », il traverse une phase normale de transition comme toutes celles qu'un humain doit franchir au cours d'une vie. La bientraitance consiste à contempler cette sortie de chrysalide. En revanche, si l'adolescent fait le deuil de tout ce qui a été sa vie jusque-là, c'est très préoccupant. À celui ou à celle qui semble envisager sa propre mort comme unique réponse aux questions qui l'assaillent, la bientraitance consiste à apporter en urgence l'aide extérieure dont il a absolument besoin ! La bientraitance autorise à agir, en ce cas, avec autorité, et tant pis si l'ado invective gravement l'adulte qui le confie au psychothérapeute. Mieux vaut un ado hors de lui que mort.

Cinquième partie

Les accidents de la vie d'enfant : la bientraitance malgré tout

N'étant pas une science ardue strictement codifiée, la bientraitance ne nécessite ni un long apprentissage ni la fréquentation d'une grande école. Elle est inscrite dans nos gènes parce qu'elle fut, au sein des tout premiers groupes de futurs humains, une garantie de survie de ce groupe, donc de chacun. Notre cerveau reptilien s'en souvient et, naturellement, nos premières réactions face à une souffrance, quelle qu'elle soit, sont l'empathie et la compassion, qui sont sans doute les balbutiements de la bientraitance. Qu'un enfant s'approche trop près du bord d'un quai et, immédiatement, les adultes témoins de la scène se précipitent pour le faire reculer et le confier à ses parents. Ces mêmes adultes, au quotidien, peuvent être allergiques aux enfants ou des parents maltraitants, mais l'urgence d'une situation sollicite d'abord en eux une réaction primitive de sauvegarde.

Ce que la bientraitance implique est à la portée de tous : en premier lieu, une écoute : « La vie n'est-elle rien d'autre qu'une longue quête d'une oreille où se répandre ? » a écrit Milan Kundera[1]. Une écoute bienveillante et parfaitement généreuse, c'est-à-dire sans intervention intempestive. Même s'il est particulièrement empathique et intelligent, qu'il

1. Milan Kundera, *L'Insoutenable Légèreté de l'être*, Gallimard, 1984.

devine ou sait de quoi l'autre a besoin, un bon écouteur doit parfois retenir sa parole réconfortante et son geste affectueux car cette aide immédiate, prématurée, pourrait être vécue par celui qui se confie comme une amputation de la confidence en cours. Il faut apprendre à bien attendre que l'autre termine son discours et qu'enfin il l'entende lui-même dans le silence respectueux de l'écouteur. En effet, les paroles viennent du parleur, mais il ne les aurait pas entendues sans cette écoute silencieuse. Il faut attendre qu'il formule – ou non – sa demande d'assistance, et donc refréner le réflexe minimisant, voire dangereusement réducteur, des paroles de réconfort. Par exemple, lorsqu'un enfant tombe et se blesse, la gentillesse pousse l'adulte à se précipiter en disant en hâte : « Ce n'est rien, maman est là. » Cette gentillesse est incohérente et inquiétante pour l'enfant qui sent sa douleur et qui comprend mal pourquoi on lui assure que cette douleur n'est rien. À force de lui assener tous ces « ce n'est rien, ce n'est pas grave », il se convaincra que si sa souffrance n'est rien, c'est que lui-même n'est pas grand-chose. À moins, puisque « souffrir n'est rien », qu'il fasse souffrir sans le moindre scrupule ses camarades d'école et, plus tard, ses enfants, ses collègues, etc. Ce premier mouvement qu'on appelle la gentillesse n'est le plus souvent qu'un pansement que l'on pose en urgence sur sa propre douleur empathique.

La bientraitance, dans le cas de cet enfant, consiste à entendre sa souffrance, à la reconnaître, à la légitimer : « Oui, bonhomme, tu as mal, et c'est normal puisque tu es blessé. Je vais soigner ta blessure et, peu à peu, ta douleur disparaîtra. Pendant que tu auras mal, tu penseras à ce qui a provoqué cette douleur : as-tu grimpé dans l'arbre ? Tu viens donc d'apprendre que les branches, quand elles sont sèches ou trop fines, cassent sous ton poids. À l'avenir, tu auras le choix : monter dans un arbre robuste, bien vivant, en t'aidant de grosses branches, ou ne plus grimper dans aucun arbre pour t'assurer de ne plus souffrir de cette façon-là. »

Ensuite, la bientraitance suppose une action/réaction proportionnée à l'événement, à la demande explicite ou implicite, que cette demande vienne d'un être vivant ou de la vie elle-même. Toujours avec l'exemple de cet enfant tombé de l'arbre, si la jambe est cassée, il faut évidemment transporter l'enfant à l'hôpital sans lui cacher votre inquiétude. Sans afficher non plus une angoisse démesurée sous le prétexte spécieux de l'assurer ainsi de l'importance de votre amour... En découvrant qu'aimer c'est souffrir ou, au moins, montrer de la souffrance, il est possible que, devenu adulte, il ait parfois envie de susciter la souffrance en lui et en ceux dont il attendra l'amour.

Les organismes vivants étant capables d'autarcie en cas de disette, la surnutrition, qu'elle soit alimentaire ou affective, inhibe ces facultés et tend à priver l'organisme d'autres fonctions qui en dépendaient. La bientraitance, c'est également l'évaluation, la confiance en la force vitale de l'autre.

« Mes parents divorcent... »

« J'ai dix ans et je m'appelle Kevin. Mon prénom, mes parents l'avaient repéré, quand maman était enceinte, dans une série qui passait à la télé, et ils étaient tombés d'accord pour que je le porte si j'étais un garçon. C'est bien la seule fois où ils ont été d'accord pour quelque chose !

« Aussi loin que je me souvienne, je les ai toujours entendus se disputer. Parfois, le ton montait tellement entre eux que même la musique de ma chaîne stéréo ne couvrait pas les hurlements. Alors, quand ils m'ont annoncé qu'ils allaient divorcer, malgré le petit pincement au cœur, j'ai plutôt été soulagé. »

L'un des traumatismes les plus éprouvants de la vie d'un enfant, c'est d'assister à tout ce qui aboutira à la séparation de ses parents. Sa vie entière n'en sera pas gâchée, mais elle en sera marquée. L'enfant se sent toujours coupable de ce qui oppose et sépare ses parents. La bientraitance consiste donc à l'assurer de la pérennité des sentiments de ses deux parents à son égard, quoi qu'il survienne entre eux. Au début de l'état de séparation, l'enfant prend d'abord la défense de celui des parents qui n'en aura pas la garde. La bientraitance consiste, pour ce parent géographiquement et temporellement éloigné, à assurer à l'enfant que cette séparation a été décidée conjointement, pour son propre confort autant que pour celui de son père et de sa mère. En effet, s'il semble bientraitant de consulter l'enfant sur le domicile dans lequel il envisage de vivre, c'est pour lui un déchirement d'avoir à désigner ce domicile, puisqu'en choisissant un lieu, il choisit un parent au détriment de l'autre. La bientraitance consisterait finalement à informer l'enfant d'une solution décidée par les adultes, quitte ensuite à moduler ce choix en fonction d'autres critères : proximité de l'école, accès au service des transports en commun, etc. Tous les critères vaudront mieux que ceux qui engagent – ou semblent engager – la responsabilité affective de cet enfant. Si l'on admet que tout dialogue vaut mieux qu'un silence, les parents bientraitants doivent savoir que celui-ci, écartelé entre le désir légitime de tout savoir et la peur de raviver les douleurs des parents, hésite à les questionner. C'est donc aux adultes de devancer les questions de l'enfant, en posant en préambule qu'eux-mêmes souhaitent vraiment se séparer. Mais quand les parents ne parviennent pas à gérer les modalités de la séparation, notamment au sujet de l'enfant, l'intervention d'un médiateur peut être fort bientraitante…

Le médiateur face à un couple en instance de divorce

Lorsqu'un juge ne souhaite pas rendre une décision concernant un litige, il a la possibilité de renvoyer les deux parties devant un médiateur avant de prendre une décision. C'est une procédure qui, quand elle marche, évite un grand nombre de souffrances inutiles. En effet, lorsqu'on est mis devant le fait accompli de la décision prise par un juge, la souffrance est sans doute plus durement ressentie par celui qui se sent lésé.

Le ou les médiateurs (ils sont parfois deux) reçoivent les deux parties (l'épouse et le mari) et établissent d'emblée un certain nombre de règles du jeu en s'assurant que ces parties sont d'accord pour faire ce travail. Entre autres règles, on leur recommande, pendant qu'ils s'expriment, d'utiliser le *je* plutôt que le *tu* qui ne laisse à l'autre aucune place.

Le ou les médiateurs vont essayer de les amener à un objectif commun. En général, les séances ont lieu tous les quinze jours, durent environ une heure et sont au nombre de trois à cinq.

Dans le cas d'un divorce, par exemple, le couple qui se déchire ne parvient pas à faire le deuil d'une relation conjugale et, de ce fait, ne parvient pas non plus à redonner une véritable place au couple parental que les deux parents doivent continuer à former toute leur vie. Tant que ce couple-là n'est pas reconstitué, l'enfant en souffre profondément, surtout s'il est petit et que doit se négocier le droit de garde. Une décision négociée est en général mieux appliquée que lorsqu'elle est arbitrairement décidée par une personne extérieure.

Chacun des deux membres du couple essaie de convaincre le médiateur de la réalité de sa souffrance, c'est pourquoi il se met en position d'accusateur par rapport à l'autre. Tout le talent du médiateur est de reconnaître cette souffrance sans entrer dans le piège du cercle infernal de reproches. Tant qu'il se tient à cette discipline déontologique, le médiateur symbolise une très haute fonction bientraitante.

En revanche, face à deux protagonistes animés par les frustrations accumulées, surtout s'il est lui-même affligé d'une forme d'empathie « épidermique », le médiateur bien intentionné, comme peut l'être un ami par exemple, risque d'intervenir par une réponse émotionnelle qui non seulement ne résoudra rien mais risque de légitimer, peut-être à tort, l'un ou l'autre des protagonistes, confondant ainsi le droit du parent et l'intérêt de l'enfant. Et l'enchaînement des conséquences peut être désastreux. Celui des deux qui se sent renié par le médiateur va, plus tôt et plus gravement que prévu, se désolidariser de l'autre, perdant ainsi toute chance de maintenir au moins la relation parentale du couple. Alors que le droit de garde pouvait se négocier au mieux pour l'enfant, la prise de position du médiateur a intensifié la discorde.

Le médiateur doit donc être un professionnel formé prêt à faire face à ce genre de piège. Voilà comment, croyant agir bien, c'est-à-dire en suivant le premier mouvement de son cœur, le médiateur peut gravement influer sur le devenir d'un enfant et se faire l'instrument d'une presque maltraitance !

La garde alternée ou : Histoire à dormir debout

« On est lundi et, pour moi, le lundi c'est l'enfer ! Je m'appelle Lucie, j'ai six ans et je viens juste de rentrer au CP. Mes parents sont séparés depuis trois ans. Ils ont choisi la garde alternée, alors je passe une semaine chez mon père et une semaine chez ma mère. Ils ont dit que, comme ça, il n'y aurait pas de jaloux et que je les verrais tous les deux EXACTEMENT le même temps.

« Mais le lundi, quand je retourne à l'école, il me manque toujours quelque chose et je me fais gronder par la maîtresse qui pense que je le fais exprès. Enfin, moi, je m'en sors à peu près. Le plus dur, c'est pour mon petit frère… Il était à peine né quand mes parents ont divorcé. Chaque semaine, il n'arrêtait pas de pleurer en quittant maman, et elle, ça avait l'air de la rendre complètement folle. Elle disait qu'elle m'avait allaitée jusqu'à six mois et qu'elle voulait faire la même chose pour le petit. Papa, lui, il disait que les enfants nourris au biberon étaient aussi beaux que les autres. Et là, il n'a pas tort parce qu'il est drôlement beau, mon petit frère. »

La garde alternée a donné l'illusion qu'enfin l'égalité homme/femme existait devant l'acte d'élever un enfant et que les pères avaient enfin un rôle reconnu dans l'éducation de leurs enfants. En fait, on se trouve typiquement devant ce « droit À l'enfant » que revendiquent bon nombre de parents. Ils oublient un peu vite que le « droit DE l'enfant » est de grandir dans un environnement sécurisé.

Pour certains enfants particulièrement fragiles, la garde alternée est un véritable creuset à l'angoisse. L'impression qu'ils ont d'être coupés en deux demeure vivace longtemps, même bien après la fin de cette période.

Pour les tout-petits, il est certain qu'être séparé de la mère durant une période longue peut-être dommageable dans leur construction. Cette séparation provoque parfois chez eux un profond sentiment d'insécurité, justement au moment où ils ont le plus besoin de ce référent permanent qu'est la mère ou, tout au moins, la personne qui prend soin d'eux d'une manière habituelle. Dans cette période primordiale que sont les toutes premières années, la stabilité de l'environnement garantit la construction du petit enfant.

Certains enfants éprouvent une grande difficulté à dire le désir qu'ils ont de vivre plutôt chez papa ou plutôt chez maman. Souvent, le désir exprimé à l'un des parents de vivre totalement chez l'autre est vécu par le premier comme un abandon. Or les enfants, si petits soient-ils, le sentent ; pour ne blesser personne, ils se taisent. Il est pourtant parfois nécessaire, pour un enfant (surtout s'il est adolescent), de vivre une période de coupure avec l'un de ses parents.

Il est très bientraitant pour tout le monde que le mode de garde soit révisé très régulièrement car les besoins de l'enfant évoluent au cours de sa vie. Il ne faut pas rester coincé sur un mode de garde qui à un moment peut être intéressant mais qui, à un autre moment, peut se révéler dommageable, voire dangereux.

« Mes parents ne se parlent plus ! »

L'enfant a la responsabilité de faire circuler l'information ; or, les messages d'un parent à l'autre sont généralement agressifs : « Tu diras à ton père que, la prochaine fois, je ne laverai pas les vêtements sales. » « Tu diras à ta mère que, la prochaine fois, si elle arrive en retard, on sera déjà partis. » En plus de ces gracieusetés, il y a les réflexions glanées de-ci, de-là, que l'enfant rapporte à l'autre sans malice, et qui provoquent des séismes verbaux effrayants.

Pour l'enfant, cette situation est tragique car il se sent responsable des paroles qu'il transmet, donc responsable de leurs conséquences : chagrin du père, larmes de la mère, colère de la grand-mère, indignation de l'oncle, etc. Peu à peu convaincu que ce qu'il dit peut être dangereux, il s'exprime de plus en plus maladroitement, puis de moins en moins. Comme en plus, pour ne pas transmettre, il vaut mieux ne pas entendre, il ferme ses écoutilles mentales et se referme jusqu'à s'imperméabiliser. En ce cas, les parents n'ont plus accès à ce qui se passe en leur absence.

D'autres fois, soucieux d'éviter les drames, l'enfant va modifier le contenu des messages. Si cette tactique n'arrange pas la situation, l'enfant culpabilise encore plus et se déprécie lui-même puisqu'il n'est pas capable d'être un bon messager ou un bon diplomate.

Il arrive aussi que l'enfant prenne conscience de ce nouveau pouvoir donné par ses parents à leur insu ; alors il peut attiser le conflit ou s'identifier à l'un ou à l'autre jusqu'à ce que, finalement, le drame du couple se joue à trois acteurs.

Pour toutes ces raisons, les deux adultes séparés doivent absolument laisser l'enfant dans l'ignorance de ce qui les oppose. Ils peuvent communiquer indirectement par SMS, e-mail, courrier postal, messagerie… et, si l'enfant dit à sa mère « Papa a dit que tu… », elle doit lui répondre : « Papa doit me le dire lui-même. »

Bientraiter les enfants, en cas de divorce, consistant avant tout à ne pas les prendre en otage des griefs parentaux, et la communication de l'un à l'autre des parents ne devant donc en aucun cas passer par l'enfant, les services de médiation ont, depuis peu, institutionnalisé un très ancien nouveau système : le cahier de liaison. Il n'est évidemment pas nécessaire de se procurer LE cahier spécial ; un simple cahier d'écolier fait l'affaire. Le mode d'utilisation est simple ; le cahier est déposé dans le sac de l'enfant chaque fois qu'il quitte le domicile d'un parent pour aller séjourner chez l'autre parent. Celui des parents qui garde l'enfant y consigne les faits marquants de la vie de l'enfant chez lui : « Samedi, au zoo, Yann a fait rire tout le monde en faisant des grimaces aux singes parce que les singes, croyant qu'il avait vraiment quelque chose d'important à leur expliquer, ont entamé avec lui une sorte de dialogue. C'était drôle et impressionnant à la fois / L'une de ses incisives a bougé hier, pendant qu'il mangeait un caramel / Il manque une chaussette rouge dans le sac / Les parents de son copain d'ici l'invitent à passer le week-end d'avant la rentrée à bord de leur bateau ; appelle-les au 01 45 32… / Etc. »

En plus de maintenir le lien entre les deux parents, ce cahier offre à l'enfant un univers cohérent et rassurant qu'il n'est pas obligé, lui, de créer à chaque retour. Et puis, qui sait ? l'écriture autorisant chacun à exprimer tout sans être interrompu par l'autre, les deux parents pourront y retrouver, sinon l'amour, du moins la cordialité. Et lorsque, beaucoup plus tard, l'enfant retrouvera ces cahiers, il sera content d'avoir ainsi la preuve que son père et sa mère n'ont jamais cessé de s'inquiéter de lui et que, malgré la distance géographique, il aura quand même eu deux parents près de lui.

Françoise Dolto nous a appris qu'un enfant naissait parce qu'il « y avait de quoi[1] ». Qu'il soit envisagé sur le plan métaphysique, mystique ou physiologique, ce désir de naître prêté à l'entité nouvelle est relayé par celui de la mère qui le porte et par le père qui la regarde faire avec amour. Bien sûr, nous autres psychologues, sommes chaque jour confrontés à l'étonnante capacité qu'ont les individus à vivre sans amour mais, même le dernier des plus malheureux enfants d'un couple de parents divorcés, par exemple, est né de la relation d'amour d'un homme et d'une femme. Il pourra toujours se dire : « Peu importe ce qu'ils sont devenus ensuite, ils se sont quand même suffisamment aimés pour que je naisse. »

1. Françoise Dolto, *La Cause des enfants* (1985), Pocket, 2003.

L'ENFANT, LES PARENTS ET LES PIÈCES RAPPORTÉES

Tous les enfants souhaitent voir leurs parents ensemble. Ce souhait procède plus du besoin qu'ils ont de se sentir sécurisés que de la prise en compte des sentiments de leurs parents. égoïstes, les enfants ? Assurément, et c'est normal ; ils n'ont rien demandé, rien provoqué qui justifie la dissolution du couple avec son cortège de conséquences fâcheuses : moins d'attentions envers eux, moins d'aisance matérielle (« Pour tes leçons d'équitation, tu n'auras qu'à demander à ton père, moi je n'en ai plus les moyens »). Moins de force aussi en face de leurs copains : l'arme absolue brandie à l'école primaire – « J'vais l'dire à mon père ! » – n'est plus envisageable.

Pourtant, une fois assimilé le fait de la séparation, les enfants, finalement, y trouvent leur compte. Ils apprennent même à profiter de la surenchère nourrie par chacun des parents pour gagner leurs bonnes grâces ! Bref, tout va plutôt bien. Mais voilà qu'arrivent les pièces rapportées… L'enfant est pris dans une jalousie légitime. Pour commencer, l'irruption d'un nouveau conjoint vient entériner le fait que les parents ne se remettront plus jamais ensemble. Ensuite, cet étranger (cette étrangère) vient leur prendre ce qu'ils avaient eu du mal à reconquérir, en l'occurrence l'exclusivité affective du père, de la mère.

Comment faire ? Prendre du temps et mettre des mots. Il est exclu d'imposer à son enfant la présence d'un inconnu en train de se brosser les dents dans la salle de bains. Quel que soit son âge, l'enfant se sent alors rejeté, trahi, piégé puisqu'on ne l'a pas consulté. Il faut donc le préparer, le prévenir progressivement, lui enseigner que la vie est faite de changements. La vie est aussi une succession de rencontres ; d'ailleurs, lui-même découvre de nouveaux camarades à l'école, à chaque changement de classe. S'il ne se sent pas pris en traître, l'enfant accepte l'idée. En ronchonnant, mais il accepte que maman ait un amoureux. Elle lui explique et il comprend que rien au monde, même pas cet amour nouveau, ne changera jamais l'amour qu'elle a pour lui, SON enfant pour toujours. Parallèlement aux mots posés par le parent, il est souhaitable de laisser à l'enfant la possibilité de mettre à son tour des mots sur l'événement. Il doit pouvoir exprimer sans crainte sa colère, sa peur, la difficulté qu'il éprouve à la perspective de dépendre bientôt d'un autre homme que papa, etc. Ce dialogue préalable doit se faire à deux : l'enfant et le parent qui lui explique ce qui est en train de leur arriver à tous les deux. L'enfant doit se sentir concerné, consulté, avant que le nouveau conjoint puisse à son tour entrer dans l'univers affectif.

Toutefois, pour averti et consulté qu'il doive être, l'enfant n'a pas à donner son autorisation. Non seulement pour protéger la nouvelle vie du parent, mais aussi pour protéger l'enfant : il ne doit en aucun cas être un jour en position de se sentir responsable de ce qui arrivera ou n'arrivera pas à son parent. Quant à s'interdire le bonheur d'un nouvel amour au profit de l'enfant, ce n'est pas la bonne solution, car on finit toujours par faire payer très cher à quelqu'un les sacrifices qu'on fait pour lui, fût-il son propre enfant. En plus, l'image renvoyée par un parent frustré, donc malheureux, n'encourage guère l'enfant à envisager sainement et joyeusement sa propre vie amoureuse...

L'ENFANT DANS LA FAMILLE RECOMPOSÉE

« De quel droit cette espèce de monstre ose-t-elle me donner des ordres ? ! C'est pas ma mère et ce n'est pas parce qu'elle couche avec mon père qu'elle a tous les droits ! Avant, on était bien tranquilles, papa vivait avec nous trois et on passait un week-end sur deux avec ma mère et son jules. Et puis, voilà que se ramène cette emplumée qui veut jouer à : “Je suis votre nouvelle maman”, comme si, à seize ans, j'avais pas assez d'une mère… »

Au commencement d'une famille recomposée, il y a deux personnes qui se sont choisies, autour desquelles vont graviter beaucoup d'autres personnes qui, elles, n'ont rien choisi, et à qui une nouvelle existence est imposée. Le nouveau conjoint peut légitimement s'interroger : « J'aime cette femme, c'est entendu, mais vais-je pouvoir aimer ses enfants conçus avec un autre homme ? » Les enfants en question s'interrogent tout aussi légitimement : « Maman l'aime, d'accord, mais nous, est-ce qu'on va l'aimer, ce bonhomme ? Et ses enfants à lui, est-ce qu'on va s'entendre avec eux ? » Cette nouvelle saga inaugurée par deux individus nécessite un temps d'ajustement plus ou moins long pour chacun des protagonistes. Les parents respectifs des deux amoureux vont devoir accueillir un nouveau gendre, une nouvelle belle-fille. Les enfants respectifs vont devoir se supporter, partager une partie du temps et de l'espace avec ces enfants étrangers qui leur sont imposés, etc. Or, la sympathie ne naît pas d'emblée entre les êtres, ni l'amitié, ni encore moins l'amour filial ou fraternel.

Quand l'un des parents quitte l'autre pour un nouvel amour, l'enfant ressent de la compassion envers celui de ses parents qui vient d'être abandonné, surtout si celui-ci se répand en plaintes devant l'enfant. Chacun des deux parents exige implicitement de l'enfant une « loyauté », d'ailleurs discutable, à laquelle l'enfant ne peut se résoudre : « Si je suis loyal envers papa, je trahis maman… » Et réciproquement. Sans compter que le parent récemment investi dans une nouvelle relation affective attend en plus de son enfant qu'il lui manifeste sa loyauté en accueillant l'étranger avec bienveillance. Or, l'enfant, avant tout désireux de satisfaire papa ET maman, se sent coupable envers maman s'il accueille bien l'amie de papa, d'autant que maman, dans ce cas, se sent agressée et meurtrie de voir son enfant pactiser avec « l'ennemie ». En fait, le plus beau cadeau qu'on puisse faire à un enfant tenu de vivre en famille recomposée est de n'exiger de lui qu'une seule loyauté : celle qu'il se doit à lui-même. Et s'il arrive que l'enfant, spontanément, appelle « papa » le nouveau compagnon de maman, son vrai père, malgré son inquiétude, devrait ne pas s'en offusquer, car l'enfant ne fait aucune confusion ; il sait parfaitement qui est son père, même s'il développe progressivement un sentiment affectueux envers son beau-père.

L'ENFANT FACE AUX VIOLENCES CONJUGALES

La première difficulté est de détecter l'enfant exposé à un environnement toxique puisque, n'en étant que rarement la victime directe, il ne porte aucune trace extérieure. Ensuite, il est d'autant plus compliqué d'aider cet enfant qu'il ne le veut pas. Non seulement il a honte, pour son père, d'avouer les maltraitances infligées à sa mère, mais il se sent lui-même coupable ! Comment déculpabiliser l'enfant qui rumine sans relâche sa lâcheté : « Je ne suis pas intervenu, je n'ai rien fait pour protéger maman. » Même de très petits enfants racontent : « Papa tapait maman, et moi, j'étais caché derrière la table et je n'ai même pas bougé. » L'autre manière, pour l'enfant, de se sentir coupable, est d'assurer : « C'est ma faute s'ils se disputent. » Et ce, d'autant plus logiquement que les conflits parentaux commencent souvent sur une broutille le concernant. Ne se rendant pas compte que ce n'est qu'un prétexte, l'enfant croit vraiment être la cause du conflit.

L'enfant se sent perdu ; selon son âge et son tempérament, il s'identifie à l'un ou l'autre des rôles de la scène violente : victime, agresseur, sauveteur. Dans cette ambiance permanente de violence, à force d'entendre et de voir ses parents hurler, s'insulter, donner ou prendre des coups, l'enfant développe exactement les mêmes symptômes que s'il avait été frappé lui-même : terreurs nocturnes, bouffées d'angoisse, crises de panique ou état dépressif pouvant aller jusqu'à l'autopunition. Adolescent, pour échapper à ce climat irrespirable, il opte fréquemment pour la fugue.

Les enfants témoins de couples qui se déchirent sont les grands oubliés de l'histoire, alors qu'ils sont en grand danger, au moins psychologique, si ce n'est, quelquefois, physique. La mère qui reste avec son compagnon violent en se disant « Il me frappe, moi, mais bon, tant qu'il ne touche pas aux enfants… » doit savoir qu'elle expose ses enfants autant que s'ils étaient frappés eux-mêmes. Celle qui, au moment de porter plainte, se sent coupable de séparer l'enfant de son père, doit savoir qu'il n'est pas question de détruire ce lien père/enfant, mais de le reconstruire différemment, dans un espace sécurisé à la fois pour la mère et pour l'enfant.

Même si elle craint les conséquences de sa rébellion, une femme battue ne doit pas « rester pour les enfants » car, justement, les enfants s'isolent de plus en plus dans leur détresse, et nourrissent un sentiment de honte qui va empirer jusqu'aux troubles post-traumatiques et psychosomatiques. Devenus adultes, ces enfants peuvent craindre de fonder leur propre foyer ou, au contraire, devenus violents eux-mêmes, se retrancher derrière un facile : « C'est pas ma faute, papa était déjà violent, alors… » Mais il est faux de croire qu'il y ait la moindre fatalité à la violence. Ce n'est pas parce qu'on a été élevé dans un climat violent qu'on deviendra automatiquement violent soi-même. Cet ancien enfant de la violence conjugale devra, tôt ou tard, croiser la route de quelqu'un qui l'aidera à démonter ce mécanisme. Ce peut être un psy, bien sûr, mais aussi une personne qui va le traiter avec respect et lui redonner confiance dans les relations avec les autres et dans lui-même. Mise en mots, puis comprise, cette violence peut être maîtrisée, voire dérivée et sublimée vers un autre centre d'intérêt.

Les points rencontre parents/enfants

Ce sont des lieux qui permettent le maintien du lien entre l'enfant et celui de ses parents dont il est séparé à la suite d'un divorce mal géré ou de violences. Lorsque, après un divorce conflictuel, l'un des parents refuse le moindre contact – même visuel – avec l'autre parent qui vient chercher l'enfant pour son tour de garde, l'existence de ce lieu est une transition élégante. Lorsqu'un juge interdit à l'un des parents de rester seul avec l'enfant, parce qu'il y a suspicion de danger pour l'enfant, ce parent visiteur peut cependant continuer à voir son enfant au point rencontre, sauf que, dans ce cas, une équipe d'acteurs sociaux va faire fonction de bouclier sécurisant pour l'enfant.

Entre autres acteurs sociaux, des éducateurs vont faciliter le maintien ou la re-création du lien parent/enfant. Par exemple, si l'enfant, prenant à son compte les messages que son entourage a fait passer concernant son parent indigne, refuse tout contact, l'éducateur va servir de messager, de traducteur, en aidant l'enfant et le parent à mettre en mots des peurs et des souffrances souvent contradictoires. L'enfant qui a vu son père battre sa mère va forcément opposer un refus énergique au moment de rencontrer ce père, mais il va souvent, en même temps, souffrir de ne pouvoir dire à cet homme que, malgré tout, il l'aime. C'est le rôle de l'éducateur, lui-même éclairé sur chaque cas par le psychologue du point rencontre, de traduire les émotions de chacun.

La douleur et la maladie de l'enfant

Longtemps, et jusqu'à récemment, les chirurgiens et les médecins ont cru que les bébés ne ressentaient pas la douleur puisqu'ils ne réagissaient pas ; aussi étaient-ils considérés comme des non-souffrants, presque des non-êtres. Longtemps donc, en toute bonne foi, conscience et impunité, des praticiens reconnus compétents et gentils les ont soignés et opérés sans analgésie ni anesthésie. Après en avoir torturé ainsi des centaines de milliers, ils ont découvert que le silence et l'immobilité du bébé pendant les manipulations et les interventions étaient les manifestations alarmantes de leur hyperesthésie. En effet, si un bébé qui souffre de soif ou de faim sait manifester bruyamment son état de manque, en revanche, une souffrance et une peur extrêmes induisent chez lui un état de prostration mutique qui peut facilement être interprété comme de l'indifférence physique et émotionnelle, alors même qu'il est en grande souffrance psychique et morale.

Alors que la première anesthésie a été faite – sur son inventeur lui-même pour commencer – en 1880, dans la bonne humeur puisqu'il s'agissait d'une sorte de gaz hilarant, les bébés ont dû attendre près d'un siècle pour en bénéficier. Depuis longtemps, médecins et psychologues s'interrogeaient non sur la réalité de la souffrance – ils s'en doutaient quand même un peu – mais sur la capacité de l'enfant à l'intégrer. La prise de conscience vraie de la souffrance et de la douleur du nourrisson date de 1987[1].

1. En effet, dans le *New England Journal of Medicine* de novembre 1987, sont publiés les deux articles qui vont sensibiliser la communauté médicale : « Pain in the neonate », de A.B. Fletcher, et « Pain and its effects in the human neonate and fœtus », de K.J. Anand. Le même K.J. Anand publie en même temps « Pain, anesthesie and babies » dans le magazine *Lancet*.

Aujourd'hui, on peut affirmer sans le moindre doute que le cerveau et le corps du nourrisson sont dès la naissance pourvus de tout ce qui va lui permettre de ressentir, de comprendre et d'apprendre à communiquer avec le monde. On peut donc dès ses premières heures de vie entrer avec lui dans une vraie communication, et pas seulement lui servir d'affectueuses mais affligeantes onomatopées.

Comment communiquer le mieux possible avec un bébé ? En utilisant tous ses sens, à commencer par le bon sens. Toutefois, le bons sens ne suffit pas toujours. Il ne faut pas craindre de se tourner vers les professionnels puisque, enfin, l'enfant est désormais pris en compte dans sa spécificité ; médecins et médicaments sont à présent adaptés aux besoins particuliers de l'enfant selon son âge.

Un enfant comprend bien ce qu'on lui explique bien. évitons de nous adresser à un enfant gravement malade comme à un non-comprenant ; mettons-nous à sa place : nous aurions besoin de savoir ce qui survient dans notre organisme, la façon dont la maladie va évoluer, ce qu'on va devoir subir comme désagréments et comme traitements, etc. Enfant ou adulte, nous avons besoin de comprendre pour anticiper, évaluer, projeter.

Et, lorsque l'atteinte est gravissime, au lieu de lui couper la parole par des mots censés réconforter (réconforter qui, au fait ? Les enfants ou les parents ?), donnons à l'enfant le moyen de questionner autant qu'il le désire. Donnons-nous d'abord à nous-mêmes, parents et soignants, les moyens d'entendre complètement tout ce qui l'angoisse. Notre propre peur de ce qui menace l'enfant l'incite à se taire pour nous protéger, or les questions qui le torturent (plus, en tout cas, que la maladie et son pronostic) sont précises et violentes : « Qu'est-ce que je vais devenir ? Qu'est-ce que vous allez devenir sans moi ? » Les adultes étant programmés pour protéger leur enfant contre les dangers, aucun parent n'est préparé à ce rôle nouveau, anormal, tragique de spectateur impuissant face à ce qui, peut-être, est en train de tuer son enfant. Pour susciter sa parole et l'écouter comme il se doit, il est possible de se faire aider par des livres sur le sujet. De nombreux hôpitaux en proposent à l'usage des parents ainsi qu'à l'usage des enfants. Faute de livres, le jeu est un précieux adjuvant : en dérivant les problèmes sur un autre objet que sa propre personne, l'enfant peut plus facilement vous raconter ce que ressentent sa marionnette/malade, sa poupée/maman et son ours/papa, ce qu'ils craignent et ce qu'ils espèrent…

L'ENFANT ET LA MORT

Il n'y a pas si longtemps, les enfants approchaient la mort de très près. Dans les familles rurales modestes, notamment, où l'espace restreint imposait une réelle promiscuité, l'aïeul déclinait puis mourait dans la pièce principale. Les enfants assimilaient ce processus avec le même intérêt qu'ils observaient le taureau en rut lorsqu'il montait la Noiraude. Une fois le mort toiletté et habillé, s'il faisait très froid dehors, les enfants jouaient autour du lit mortuaire comme ils l'auraient fait dans la cour au soleil. « Un petit garçon n'a besoin ni de montre ni de calendrier. Il passe à table quand on l'appelle, va se coucher quand on lui dit. Les heures, les jours, les années ne portent pas de numéro », Yvan Audouard, *Le Sabre de mon père*[1]. Le « jamais plus » qui déchire les parents n'a de sens réel qu'à partir de la dixième année.

1. Yvan Audouard, *Le Sabre de mon père,* Robert Laffont, 1999.

À présent que la mort est médicalisée, donc hospitalisée, elle est remisée dans une chambre fermée de la maison ou de l'hôpital. L'enfant n'a d'elle qu'une somme d'images télévisuelles assez déroutantes : image drolatique dans les dessins animés où le mort est aplati, écrasé, éparpillé puis, souvent, aussi vite reconstitué. Image brutale dans les films d'action où le héros meurt en quelques secondes. Image épouvantable mais lointaine dans les images d'actualités.

Les enfants évoquent la mort avec des termes bien différents selon qu'ils ont trois ou quinze ans. La notion de mort n'a de sens qu'à partir du moment où la vie elle-même en a un. Avant l'âge de cinq ans, la notion de permanence n'existe pas : « Quand est-ce que grand-père aura fini d'être mort pour m'emmener à la pêche ? » En revanche, parce qu'ils en ont fait l'expérience, les enfants questionnent à propos des sensations corporelles : « Est-ce qu'il fait froid quand on est mort ? »

Cela étant, la sensation reste douloureuse pour l'enfant ; ne serait-ce que parce que toute la famille se comporte différemment. On parle bas, on prononce des mots bizarres : la levée du corps, l'inhumation, la crémation, etc. Dire à l'enfant que grand-mère est partie en voyage renforcera l'idée qu'elle va revenir, ce qui incitera l'enfant à l'attendre activement… pour rien. Il en gardera une grande méfiance à l'égard de tout ce qui se rapportera au voyage. Lui dire que tante Nicole va dormir très longtemps peut induire la peur de s'endormir.

Il vaut toujours mieux répondre à ses questions avec de vrais mots. Dissimuler, épargner, protéger… Autant de verbes qui, finalement, provoquent de plus intenses et plus durables peines puisque, non informé, l'enfant se croit naturellement l'auteur du drame, et, informé insuffisamment, il aura plus de mal à faire son deuil.

FAUT-IL DIRE TOUTE LA VÉRITÉ AUX ENFANTS ?

La vérité, certainement. Toute la vérité ? Pas forcément.

Toute information concernant un ou plusieurs membres de son environnement affectif concerne aussi l'enfant. Il y a droit. Elle doit être proportionnelle à son désir de savoir et formulée par des mots que l'enfant est susceptible d'intégrer, selon son âge, sa réceptivité et sa sensibilité. Naturellement enclins à protéger l'enfant de tout ce qui peut altérer sa joie de vivre, les parents tentent, généralement, de pécher par omission en lui cachant ce qui les altère eux-mêmes. Louable et candide, cette dissimulation s'avère toujours inutile, voire nocive.

Inutile, car un enfant raisonnablement intelligent et sensible va sentir qu'il se passe « quelque chose » d'inhabituel. Il a des yeux pour voir les visages tendus de ses parents, des oreilles pour identifier les sons des voix altérées et un cœur pour capter une soudaine pesanteur de l'atmosphère. Nocive, car, personne ne répondant convenablement à ses questions, à partir des mots et des bribes de phrases échappés aux adultes son imagination va élaborer un scénario infiniment plus dramatique que la réalité dont on veut le protéger. Même très jeune, l'enfant possède déjà de quoi transformer, par exemple, la bronchopneumonie de sa grande sœur en la triste et froide agonie d'une *Petite Fille aux allumettes.* Sa grand-mère, dont on lui a caché qu'elle était hospitalisée, va, par son absence, devenir celle que le loup a mangée. Quant au cancer réel – mais curable – de son papa, il y a fort à parier que, secrètement informé de la gravité de l'événement, il va en faire une mort imminente dont, en plus, il culpabilisera.

Quoi qu'il survienne au sein d'une famille, de bénin, de sérieux ou de très grave, l'événement s'inscrit de toute façon dans la vie des humains, donc de ce que tous les cerveaux humains, même les plus jeunes, sont capables d'appréhender.

L'exemple le plus courant, hélas, est la maladie grave qui atteint l'un des parents. Doublement tenu à l'écart – géographiquement et affectivement – chez ses grands-parents, l'enfant sent qu'une chose grave menace l'unité familiale. Même si tous les autres membres de la famille jouent leur rôle parfaitement, avec les sourires et le ton badin, l'enfant sait. Il ne comprend pas le processus, il ne sait pas nommer, mais il sait. Alors autant se mettre à l'écoute des questions qui l'assaillent, et tenter d'y répondre avec les mots les plus simples et les plus vrais possible.

Dès la naissance, l'enfant est doté de son intelligence, c'est-à-dire de sa plus ou moins grande capacité à affronter l'irruption de l'imprévisible, et à s'en servir au mieux. Parmi les termes choisis par les grands pour s'adresser à lui, et malgré les maladresses de leur discours, il va naturellement prendre les mots qu'il connaît, les assembler entre eux et en déduire un sens. Aussi, pour en limiter les contresens, mieux vaut parler clairement, sans charger le discours de sa propre émotion d'adulte, car celle de l'enfant, proportionnelle à ses aptitudes, sera forcément très différente. D'abord parce que, avant onze ans, il n'a pas tout à fait la notion du « jamais plus » contenu dans le fait d'être mort. Ensuite parce que, dotée d'un très court passé, sa mémoire ne nourrit pas une souffrance nouvelle par le rappel – donc l'ajout – de toutes celles qui l'auraient précédée, contrairement aux adultes qui souffrent avant l'événement en se référant à toutes les autres fois où…

Bientraiter un enfant en cas d'événement grave, c'est assurément l'en informer, car les vérités douloureuses font aussi grandir.

Les parents, qui se sentent souvent démunis au moment d'informer leur enfant d'un accident de la vie, peuvent s'aider de livres adéquats, ou, pourquoi pas, charger un proche de parler à leur place, mais à condition d'y préparer l'enfant : « Je voudrais te répondre, mais, en ce moment, j'en suis incapable. Alors j'ai demandé à ta grand-mère qu'elle réponde à ma place aux questions que tu te poses. » Cette précaution est nécessaire afin que l'enfant ne déplace pas la confiance qu'il a en ses parents vers quelqu'un d'autre.

Il reste que toute vérité n'est pas bonne à dire… Et l'enfant apprend peu à peu à retenir et à nuancer ses propres réflexions. À trois ans, claironner en pleine rue : « T'as vu la dame ? Elle est moche, hein ? Elle sent pas bon, en plus ! » reste pardonnable. Plus tard, non. Entendre deux copains, sous le préau, dire de lui-même qu'il est petit, ou gros, ou mal habillé, le fera souffrir assez pour qu'il prenne conscience de la souffrance qu'il infligeait hier encore.

Après l'agression sexuelle d'un enfant

Les inquiétudes quotidiennes des parents n'empêchent pas la surdité et la cécité face à la détresse muette d'un enfant abusé. Des phrases comme « Ne rentre pas trop tard ! », « Surtout ne prend pas froid ! », même dites de tout cœur par une voix aimante, ne protègent de rien ; pire, elles remplissent de sons inutiles l'espace où, forcément, l'enfant n'a plus de place pour ses cris silencieux. Pour exemple, ces cas trop nombreux où un enfant peut être torturé souvent, longtemps, dans la plus totale ignorance d'une mère pourtant attentive et pleine de bons principes : « Lave-toi bien les mains avant de dîner ; brosse-toi les dents avant de dormir ; ne mets pas tes doigts dans ton nez… » Ignorance aussi d'un père, pourtant conscient de son rôle, qui colore les infos télévisées de remarques censément pédagogiques : « Tu vois où ça mène de traîner sur le chemin de l'école ? Regarde ces enfants, là, s'ils étaient rentrés à l'heure, il ne leur serait rien arrivé de mal. »

Si seulement l'enfant pouvait, tout à trac, rétorquer : « Mes doigts dans mon nez, c'est grave ? Faire le tour du pâté de maisons sur le trottoir à toute vitesse sans tenir le guidon, c'est mal ? Et tonton Lucien, alors ? Quand il met son machin dans mon… c'est quoi, alors ? ! » Mais, tout insolent et turbulent qu'il puisse être quand tout va bien, l'enfant meurtri, souillé, avili ne bronche pas. Hélas ! Et quand un enfant ne dit rien, trop d'adultes pensent qu'il n'a rien à dire. Hélas plus encore ! Et quand, enfin, l'enfant raconte, les adultes commencent par ne pas le croire puis, quand ils le croient, ils le mêlent à une énorme machinerie punitive envers l'adulte coupable. Moqué pour son mutisme, grondé pour ses paroles, haï pour ce qu'il provoque enfin, l'enfant risque bien, ensuite, de se taire à jamais, quoi qu'il survienne de grave. Révoltant ? Certes. Et pour ne pas risquer d'être un jour à notre tour cette mère ou ce père inattaquable et cependant tellement coupable, voici, une fois pour toutes, quelques bons moyens d'être attentif à son enfant sans pour autant tomber dans les pièges qu'il peut aussi nous tendre quelquefois…

L'enfant victime donne toujours de l'événement plusieurs versions différentes et contradictoires. Afin que les adultes concernés ne cèdent pas à un découragement incrédule et… coupable, voici, pour exemple, les cinq phases du syndrome infantile d'accommodation aux violences sexuelles :

1 – Le secret : victime de sévices sexuels infligés par un proche, l'enfant sent confusément que ce qui se passe alors n'est pas bien. Que son tortionnaire lui ait ou non intimé l'ordre de se taire, il sait qu'il doit garder le secret.

2 – L'impuissance : si les sévices se poursuivent, l'enfant se sent de plus en plus impuissant. Son bourreau étant, dans la plupart des cas, une personne qu'il connaît bien, en qui il avait confiance et à laquelle il se sent incapable de résister, il est une victime dépourvue de tout recours puisque le respect tacite du secret le prive de confident, donc du soulagement que la confidence génère.

3 – L'accommodation : c'est une triste phase dans laquelle les sévices perdurent sans que l'enfant trouve l'issue. Pour ne pas sombrer dans la folie, son unique choix est d'accepter la situation terrifiante puisqu'il est incapable d'intervenir efficacement. D'une certaine façon, il devient ainsi peu à peu et malgré lui le complice de son bourreau.

4 – L'aveu différé : déchiré par ses conflits intérieurs, honteux d'accorder sa vie tout entière aux sévices, malheureux de vivre dans le mensonge permanent pour dissimuler ces sévices, victime d'un adulte en qui il a pourtant confiance, soumis aux menaces formulées par ce même adulte, terrifié à l'idée que ces menaces seraient appliquées s'il révélait « le secret », l'enfant est en pleine confusion. Et, tôt ou tard, cette lutte intérieure devient tellement insupportable qu'elle le pousse finalement à se libérer du terrible secret. « Ouf ! Enfin, il va pouvoir aller mieux… » Eh bien non. En tout cas, pas dans l'immédiat, car il ne peut pas se contenter de révéler ce secret en le verbalisant auprès d'un autre adulte censé prendre en charge la suite, puis retrouver l'existence insouciante et joyeuse d'un enfant. D'abord parce que parler serait une trahison à l'égard du parent qui abuse de lui, ensuite parce qu'il a connaissance, via la télévision ou la cour de récréation, d'enfants qui ont parlé et qu'on a accusés de mensonge, enfin parce qu'il n'a pas envie d'être désormais « celui qui s'est laissé faire ». Autant de facteurs qui militent contre une divulgation franche. Quelle solution lui reste-t-il en ce cas ? Se rebeller et, pour ce faire, il dispose de

plusieurs moyens, en fonction de son âge et de son caractère. Certains fuguent. D'autres choisissent le suicide. D'autres encore tentent d'attirer sur eux une attention particulière des adultes de l'entourage en se montrant agressifs, vulgaires, destructeurs (notamment d'objets auxquels les adultes semblent tenir). C'est un long hurlement que l'on peut traduire par : « Que quelqu'un, quelque part, de n'importe quelle façon, me regarde et m'écoute ! Je porte un secret terrible, tellement lourd que je ne peux pas continuer à vivre avec ! Faites attention à moi, sinon je vais faire quelque chose de vraiment mal, à mes dépens ou aux dépens d'autres personnes ! » Le plus souvent, heureusement, un adulte finit par remarquer l'incompréhensible spectacle donné obstinément par l'enfant en détresse et, heureusement encore, trouve le moyen de recevoir la douloureuse confidence. Tout est bien qui finit bien ? Non. Pas encore. Reste la cinquième phase…

5 – La rétractation : bien que déchargé de son fardeau, non seulement l'enfant ne se sent pas soulagé, mais il est vite assailli par les remords qui montent à la surface de sa mémoire ; toutes les menaces proférées lui semblent prêtes à se réaliser. « Maintenant que j'ai divulgué le terrible secret, ils vont me prendre, m'emmener loin et me traiter exactement comme IL (ELLE) l'a dit. Ils vont LE (LA) mettre en prison, et moi, je n'aurai plus de maison, plus personne pour s'occuper de moi ; je serai tout seul dans ce monde épouvantable. IL (ELLE) m'avait bien prévenu… Tant pis, je vais leur dire que j'ai tout inventé, qu'il ne s'est rien passé, que c'était pour de rire. Je vais être un peu puni mais tout recommencera comme avant. Je sens que ce n'est pas bien, que je ne devrais pas, mais c'est mieux que de me retrouver tout seul et que tout le monde se moque de moi. »

Voilà comment fonctionne l'esprit d'un enfant victime de sévices. Voilà ce que tous les adultes désireux d'être bientraitants devraient apprendre par cœur. Cela pour ne pas risquer de « passer à côté » d'un traumatisme gravissime, bien sûr, mais aussi pour ne pas risquer de se laisser berner par un enfant affabulateur…

Enfants abusés ou affabulateurs ?

Si les exemples de maltraitance involontaire abondent, l'on y retrouve pratiquement toujours, posée en facteur commun de leur diversité, une incompréhension, une défaillance de communication. Notamment dans le cas d'un adulte face à une plainte grave exprimée par un enfant : l'adulte attend de l'enfant qu'il dise LA vérité, c'est-à-dire qu'il en décrive précisément les circonstances, qu'il répète mot à mot les paroles prononcées, dessine verbalement le visage et la silhouette de l'agresseur, évalue l'importance du dommage subi, bref qu'il endosse un rôle d'expert chevronné. Or les enfants disent LEURS vérités. C'est en toute bonne foi qu'ils en fournissent plusieurs versions, selon qu'ils la disent à un camarade curieux, à un adulte proche bienveillant ou à un inconnu sévère, selon, également, leur état d'esprit du moment (curieusement, les adultes oublient qu'ils ont été et sont encore parfois, eux aussi, des conteurs de vérités multiples et pourtant sincères). Paradoxalement, c'est quand un enfant raconte toujours la même chose, relate obstinément la même version logique, convaincante, savamment illustrée, qu'il faut être circonspect car, en ce cas, il y a lieu de penser que l'enfant ne fait que répéter ce qu'on lui a appris, et non ce qu'il a vécu. Un enfant qui a vraiment été abusé donnera obligatoirement des versions multiples, confuses, voire contradictoires, tout particulièrement quand il a subi des sévices sexuels de la part d'un proche.

PRÉVENIR LES ENFANTS CONTRE LES AGRESSIONS SEXUELLES

Pour donner à l'enfant les moyens de se protéger contre une éventuelle agression, quelle qu'elle soit, sans pour autant lui faire perdre confiance dans le monde des adultes, la méthode est d'abord le recours à un discours basique : « Comme toutes les personnes, tu as des devoirs à accomplir et tu as des droits à faire respecter. Parmi tes devoirs, tu sais que tu dois dire bonjour, merci, apprendre tes leçons, ouvrir ton lit le matin, mettre tes vêtements sales dans le panier, ranger ta chambre, etc. Parmi tes droits, tu as celui d'être protégé contre la violence méchante. Quand nous sommes près de toi, c'est nous qui nous chargeons de ta protection ; non seulement c'est notre choix, mais en plus c'est notre devoir. Mais, quand tu vas à l'école ou quand tu rentres après ton cours de dessin, tu es seul, donc tu as à la fois le droit et le devoir de te protéger contre tous les dangers. Le droit de traverser la rue sur le passage pour piétons et le devoir, avant d'agir, de vérifier que les voitures s'arrêtent pour te laisser passer. Le droit de ne pas répondre si un adulte te semble avoir de mauvaises intentions et le devoir de courir aussi vite que tu peux vers le premier refuge : la boulangerie, la maison du voisin, peu importe ; tous les adultes ont le devoir de te protéger. D'ailleurs, la loi punit les adultes qui n'ont pas aidé un enfant en danger. » Ainsi armé, l'enfant se sent rassuré et, sur le chemin de l'école, peut-être qu'en plus, sa nouvelle démarche, plus assurée, découragera la personne mal intentionnée.

N'étant pas en mesure d'identifier ni, *a fortiori,* de soigner ou de neutraliser les éventuels pervers appliqués à nuire pour le plaisir, tous les parents tentent, en premier lieu, de protéger leurs enfants de ces individus par une information préventive. Même si les situations sont multiples et souvent bien différentes de ce que les parents racontent pour mettre leurs enfants en garde, il est sage de les avertir des principaux modes opératoires visant à endormir leur méfiance puis à gagner abusivement leur confiance :

– le monsieur qui inspire confiance : « Je suis le docteur de l'école et je vais t'accompagner » ; « Ta maman a eu un accident et je suis le gentil monsieur qui est venu te prévenir » ;

– la dame prétendument nouvelle voisine qui ne connaît pas encore le trajet ;

– le pauvre homme perdu qui demande de l'aide ;

– etc.

Dans tous les cas, il faut solliciter l'intelligence et la défiance de l'enfant, l'exercer à ne pas répondre trop hâtivement avec de bons sentiments, le conditionner à s'interroger lui-même : « Je ne connais pas cette personne donc je n'ai aucune raison de la suivre. » « Est-ce que, si j'accepte de suivre cette personne, mes parents sauront où je suis ? » « Pourquoi cet homme me demande-t-il mon adresse ? » « Si maman est malade, pourquoi est-ce un inconnu qui vient me prévenir ? » « Pourquoi me demande-t-il mon aide à moi, enfant, plutôt qu'à un adulte ? »

Le risque de générer une espèce de paranoïa incitant à se méfier de tous les adultes existe. Pourtant, s'il est important, pour nos enfants, de savoir et de constater que la majorité des adultes sont là pour leur venir en aide, il est tout aussi important de savoir qu'il existe quelques individus dangereux qu'il vaut mieux apprendre à repérer. Faire de l'angélisme est inutile et même coupable puisque, un jour ou l'autre, les enfants sont confrontés aux actualités télévisées et d'autant plus choqués qu'ils n'y auront pas été préparés.

Tous les parents font l'expérience quotidienne de l'inutilité apparente de leurs discours, voire de leur traduction inversée à travers les réactions de l'enfant. Prévenir du possible danger représenté par l'irruption d'un pervers peut être soit immédiatement rangé dans le tiroir intitulé « Moi, ça ne m'arrivera pas », donc oublié, soit employé à rebours pour conjurer la peur – « Tiens, quelle bonne idée, on va jouer à ça ; tu es l'enfant et moi, je vais t'enlever, t'attacher à un arbre et te faire... » –, soit utilisé comme propagande par l'enfant désireux de faire le mariole devant ses copains : « Moi, j'ai été enlevé par un fou qui a voulu me tuer ! Et toc. » D'abord, suivent de délicieuses exclamations-réponses : « C'est dingue ! T'as pas eu peur ? ? ? – Moi ? Bof. » C'est l'instant de gloire. Puis, à mesure que les questions de son auditoire deviennent de plus en plus gênantes, l'enfant, se sentant acculé, élabore et nourrit son mensonge au point de désigner un responsable pris au hasard : maître d'école sévère, voisin intimidant ou quelque autre homme parfaitement innocent qui risque de passer quelques années difficiles si le gamin, en plus d'être menteur, a un talent de conteur. Alors ? Comment s'y prendre pour avertir sans terroriser excessivement tout en prévenant suffisamment ? Il n'y a pas de recette miracle, seulement du bon sens. Pour que la mémoire de l'enfant conserve l'information transmise par le parent, il faut, comme pour toute mémorisation, que le cœur ait été frappé. Or quoi de plus fort, émotionnellement, que le sentiment de son importance ? Il suffit que le parent ajoute : « Tu es très intelligent, je sais que tu comprends la gravité de ce que je t'ai dit et je te sais capable, toi, de prévenir ceux de tes copains dont les parents n'ont pas encore eu le temps de parler de tout ça. Si aucun de tes camarades ne se fait enlever, ce sera aussi grâce à toi. » Tout fier d'être celui à qui on fait confiance, celui qui va « aider les autres », l'enfant aura à cœur de répéter scrupuleusement la mise en garde parentale et, ainsi, de mémoriser parfaitement l'information.

Concernant la prévention plus spécifique contre d'éventuelles agressions sexuelles, le discours est toujours simple, mais plus précis : « Ton corps est unique ; il est à toi et à toi seul. Tu dois le protéger et les autres doivent le respecter. Les personnes en qui tu as confiance peuvent t'aider à te frotter le dos si tu n'y arrives pas tout seul ; nous donnons au coiffeur le droit de laver et de couper tes cheveux. Mais si tu sens, toi, qu'une personne veut t'approcher tout près pour de mauvaises raisons, tu as le droit et le devoir de dire non, et tant pis si ça déplaît à cette personne. Les adultes, pour la plupart, sont là pour te protéger, t'apprendre à te protéger toi-même et t'aider à grandir. Pourtant, parmi ces adultes, quelques-uns sont des malades, des sortes de fous ; de ceux-là, tu dois apprendre à te méfier. Comment les reconnaît-on ? Eh bien justement, on ne les reconnaît pas toujours ; par exemple, il est possible qu'un jour, un adulte que tu connais bien et que tu aimes beaucoup se conduise mal avec toi, avec ton corps. Eh bien, même dans ce cas-là, tu as le droit de dire non, de te sauver en courant et de le dire aussitôt à un autre adulte que tu connais. »

Non seulement le pédophile appartient à tous les milieux sociaux, mais il a plusieurs visages. En voici quelques-uns :

– la brute avinée qui perd contact avec la réalité ;

– l'ancien enfant carencé affectivement devenu un adulte timide et peureux devant les femmes ;

– le pervers intelligent dit « de droite », exerçant un métier d'autorité, pour qui les enfants doivent être « dressés » ;

– le pervers intelligent dit « de gauche », pour qui, référence faite à Platon et à Socrate, les enfants sont des êtres libres qui ont le droit d'avoir des relations sexuelles.

Mais il peut aussi avoir le visage de l'instituteur, de l'oncle, du frère aîné ou, pire encore, du père. Par exemple, ce père tyrannique qui considère ses enfants comme sa propriété, ou cet autre, larmoyant, bafoué par son épouse, qui implore sa fille et la supplie, au nom de tout ce qu'il lui apporte et de l'amour qu'elle est censée lui porter, de lui donner un peu de tendresse. Ou cet autre encore, toujours irréprochable, à la moralité sans faille, mais qui, peu après la naissance de son enfant, se découvre avec horreur envahi par une pulsion qu'il contrôle d'autant moins que sa mémoire occulte son propre corps d'enfant abîmé par son père.

Quel que soit le visage du pédophile qui, peut-être, s'approchera de lui, l'enfant correctement averti l'identifiera plus vite et saura, mieux qu'un enfant ignorant, s'en prémunir. Le même enfant, en cas de nécessité, saura mettre en garde tel ou tel copain d'école. C'est sans doute la seule prévention possible, c'est même peut-être la seule thérapie anticipée pour les générations qui suivront l'enfant puisque, pour l'auteur de l'agression, les thérapies actuellement proposées restent encore majoritairement inopérantes, comme l'atteste le taux de récidive.

L'esprit de bientraitance consistant aussi à éviter d'inutiles dérives paranoïaques, il est utile de préciser ici que la proportion d'hommes pédophiles n'a pas augmenté. Et la bientraitance consistant également à prévenir les dangers le plus possible, il faut ajouter que ces malfaisants utilisent très bien les moyens modernes mis à leur disposition pour prospecter leurs victimes… La protection préventive passe par un verrouillage informatique et, surtout, par une vigilance accrue de la part des parents sur l'écran d'ordinateur quand leurs enfants pianotent sur le clavier. Un truc de bientraitant ? Installer l'ordinateur familial dans le séjour, là où, fréquemment, un regard lucide peut intervenir en cas de dérive sur l'écran.

Cependant, le danger peut aussi survenir là où on l'attend le moins…

LA VIOLENCE SEXUELLES DES FEMMES

Sa seule évocation suscite une stupeur incrédule puis une révolte horrifiée tant elle est antinomique de l'image universelle de la mère nourricière, protectrice qui touche son enfant pour le soigner, le rassurer, lui transmettre affectueusement un amour désintéressé, dénué de toute ambiguïté. Cela existe pourtant, et l'agression est, là aussi, délibérée. Toutefois, et même si l'objet de ce livre n'est pas d'analyser dans le détail les nombreuses dérives de l'espèce humaine, il est utile d'en connaître les principaux moteurs. Ayant été elles-mêmes agressées par leur propre père, la plupart des mères qui se comportent incestueusement avec leur enfant appréhendent de toucher celui-ci. Elles se débattent dans une grande difficulté de s'identifier sexuellement. Certaines considèrent leur fille non plus comme une enfant à préserver mais comme une rivale qu'il faut mater, dominer, soumettre et réduire. Ces mères, alors, ne font plus la différence entre l'enfant qu'elles agressent et l'adulte en puissance dont elles craignent le pouvoir. Elles ne font plus la différence non plus entre leur propre corps et le corps de l'autre.

La prévention consisterait, entre autres, à aider ces jeunes femmes, avant qu'elles deviennent mères, à retrouver leur identité sexuelle, à déculpabiliser vis-à-vis de leur parent violeur. À condition que ces femmes soient en état de demander de l'aide. Lorsque le mal a été fait, la thérapie les aide à se réapproprier ce corps qui leur a été autrefois volé, à faire la paix avec elle-même, à se pardonner, le cas échéant, d'y avoir pris du plaisir. Mais, pour l'enfant victime, en quoi consiste la prévention après coup ? À prévenir la répétition de cette sorte de maltraitance sur les générations ultérieures. Il est trop tard pour l'enfant abusé, mais il est temps pour ses enfants, petits-enfants, arrière-petits-enfants, etc.

D'où la nécessité, pour tout adulte en contact régulier avec un enfant (instituteur, pédiatre, parent sain, etc.), de convaincre l'enfant que son corps lui appartient et que nul n'a le droit d'y porter atteinte.

Le traitement des délinquants sexuels

La bientraitance doit s'exercer au bénéfice de tout et de tous, même de ceux qui, parmi les humains, représentent le chaînon qui n'aurait manqué à personne. Parmi ceux-là, les délinquants sexuels. Qu'ils soient ressentis par le reste de la population comme des erreurs génétiques dangereuses ne doit pas empêcher de les considérer comme des malades qu'il faut soigner et améliorer.

Une proportion de plus en plus grande de la population carcérale est constituée de délinquants sexuels. Ils effectuent une peine plus ou moins longue selon la nature de l'infraction ou du crime commis. Ils sont ensuite remis en liberté selon le principe de la dette payée à la société, mais l'expérience a prouvé – et prouvera encore beaucoup, hélas – que le taux de récidive est particulièrement important, malgré l'obligation de soins instaurée en France depuis 1998, laquelle n'est pas systématique.

Face à de telles pulsions, la psychothérapie aide à maintenir le pédophile dans un état d'abstinence. En revanche, la thérapie sous contrainte n'a pratiquement aucun effet sur les nombreux pervers qui sont et restent dans le déni de ce qu'ils ont commis. Ceux-là n'éprouvant pas la moindre miette d'empathie envers leurs victimes, dès qu'ils seront de nouveau confrontés à une tentation, il y aura un risque de récidive.

La plus généralement utilisée est la thérapie comportementale dans laquelle les comportements qui ont précédé l'acte sont associés aux conséquences négatives qui en ont découlé pour le coupable. Hélas, les conséquences dramatiques qui ont affligé les victimes et leurs familles n'inspirent rien de particulier à la plupart des délinquants sexuels, même si, dans le but d'obtenir une réduction de peine, ils feignent le remords. Les thérapies de groupe sont aussi utilisées pour que la pression du groupe fasse reconnaître l'importance des actes qui sont souvent minimisés. La condition principale pour prendre en charge un abuseur est la reconnaissance des faits, c'est pour cela que la thérapie intra-familiale obtient plus de résultats. Enfin, les médicaments baissent sensiblement la libido des violeurs, mais ils ne leur sont donnés qu'avec leur accord et d'une manière extrêmement encadrée.

Les études les plus poussées ont été menées au Canada. Elles donnent des résultats encourageants mais, malgré tout, très partiels. Dans tous les cas, il est dangereux de laisser un détenu sans suivi pendant ses années de détention. Il est encore plus dangereux de le laisser sortir sans précautions.

Sixième partie

Adultes : la bientraitance quoi qu'il arrive

S'il semble évident à tous que c'est dès la toute petite enfance qu'il convient de se comporter de façon bientraitante et d'enseigner la bientraitance, il est nécessaire de rappeler que c'est à tout âge et en toutes circonstances que chacun peut, en bientraitant l'individu et en considérant d'un regard différent les circonstances, faire dévier sensiblement le cours des choses.

Est-il besoin de rappeler ici toutes les horreurs dont l'humain est encore capable ? Si nous laissons aux médias et aux commères avides de sensationnel le triste privilège de nous en décrire quotidiennement les affligeantes variantes, nous avons vu, au cours de ce livre, que la liste en est longue, de la petite perfidie conjugale jusqu'à la torture légitimée par l'état de guerre. Certaines nous mobilisent quasi unanimement puisque leurs victimes ont en commun d'être, par leur âge ou leur condition sociale, *a priori* confiants, fragiles et sans défense. Ce sont, par exemple, les souffrances infligées aux enfants, aux femmes dépourvues d'autonomie matérielle, aux subalternes menacés de renvoi, aux vieillards dépendants et aux groupes d'humains assemblés par le hasard et maintenus prisonniers par la volonté arbitraire d'un ou de plusieurs individus. Cette liste n'est évidemment pas exhaustive. Mais c'est justement là, confrontée à des difficultés extrêmes, que la bientraitance doit faire la preuve de sa fonction indispensable et démontrer qu'elle est possible malgré tout.

La stérilité et l'infertilité

L'infertilité, la stérilité sont vécues comme un anathème ; dans l'inconscient collectif est inscrite depuis l'enfance la phrase : « Un jour, je serai parent. » Les exemples de femmes répudiées ne manquent pas dans les pages de l'histoire, même récente. Soraya Esfandiary-Bahktiary, devenue impératrice d'Iran à seize ans, fut répudiée moins de sept ans plus tard, en mars 1958, faute d'avoir pu offrir un héritier au trône. Elle a d'ailleurs elle-même suggéré cette répudiation, parce qu'elle aimait à la fois Mohammed Reza Pahlavi, son époux, et l'Iran, son pays. Le shah, qui était également amoureux d'elle, après avoir fait l'annonce de leur divorce, lui a octroyé le rang de princesse impériale, de façon à faire savoir à tous que Soraya n'était coupable QUE de stérilité. Peu de femmes ont bénéficié d'autant de délicatesse. L'immense majorité des femmes stériles ont été mises au ban non seulement du mariage mais de la société. Au mieux, on les refoulait à l'extérieur du groupe, traitées comme des sorcières. Au pire, on les lapidait. Aujourd'hui encore, en Inde notamment, il arrive qu'une belle-mère, indignée d'héberger une fille au ventre sec, ou un mari, « déshonoré » par la stérilité de sa jeune épouse, la tue en l'aspergeant, éloquent symbole, de produit inflammable.

Lorsque tombe le diagnostic : « Vous ne pourrez pas faire d'enfant », c'est un véritable couperet qui s'abat sur la femme, sur l'homme concerné, sur le couple, et qui dévie en un instant toute la trajectoire de leur existence. Depuis les temps les plus reculés, la fécondité est assimilée à la puissance, presque à l'état de grâce, tandis que la stérilité est considérée comme une tare, une punition divine. C'est sans doute une des raisons pour lesquelles la recherche de la stérilité masculine a longtemps été ignorée.

L'annonce faite au couple de son infortune peut aussi bien le consolider que le détruire. Avant la résignation, l'adoption ou la séparation, la plupart des couples s'orientent vers la procréation assistée, dans l'espoir de devenir quand même parent biologique. Quelle qu'en soit l'issue, ce parcours médicalisé les confronte à un processus fastidieux et éprouvant d'analyses, d'expériences, de tentatives dont la réussite est aléatoire, enfin à une organisation froide et méthodique de leur sexualité, qui va altérer non seulement la sexualité mais toute la relation amoureuse. Sans doute vaudrait-il mieux commencer en se faisant accompagner par un psychologue avant de se lancer dans l'aventure thermomètre, calendrier, burettes, éprouvettes. En tout cas, ces couples en souffrance sont en droit d'attendre du corps médical un peu de compassion et la certitude de ne pas être seulement les propriétaires du tube 312, en attente de FIV.

Pourtant, le fait d'être dans une démarche de procréation médicalement assistée – ou d'adoption, si la médecine se révèle impuissante – semble parfois donner une sorte d'autorisation virtuelle de procréer qui débloque quelque chose en celui des deux qui avait été déclaré stérile ou infertile, et il arrive qu'un bébé survienne… le plus naturellement du monde !

Il arrive aussi, hélas, que le bébé ne survienne pas. Plusieurs solutions s'offrent alors au couple, de la plus simple à la plus sophistiquée. Nées du mariage de la recherche médicale avec la technologie de pointe, certaines suscitent bien des questions sur le plan de l'éthique et de la philosophie… S'il est vrai que, répondant à une souffrance réelle, la procréation médicalement assistée (PMA) peut sembler bientraitante, elle est souvent vécue par les couples comme un parcours déshumanisé.

L'UTÉRUS ARTIFICIEL

Un utérus artificiel, c'est une machine capable de fabriquer un bébé à l'extérieur du corps d'une femme ! Nous ne sommes pas dans une nouvelle d'Aldous Huxley, mais dans ce que nous concoctent les chercheurs pour très bientôt !

Qui oserait s'opposer à ce fantastique possible pour les couples qui n'ont pu concevoir mais qui, pourtant, se focalisent sur le désir de procréer.

Le seul qui le pourrait serait le bébé lui-même, s'il pouvait se faire entendre avant d'être conçu, mais qui songe à lui demander son avis ? Pas de leçon, pas de morale. Chacun, au secret de lui-même, a la possibilité de retourner la solution de l'utérus artificiel et de l'examiner, cette fois, sous forme de question. Sous prétexte de féminisme exacerbé, certains prétendent que cela n'est qu'une « avancée » supplémentaire dans le processus de libération de la femme. Se libérer encore et toujours. Pour d'autres, il s'agit là de se défaire du dernier bastion qui était l'instance d'un pouvoir incontrôlable par les hommes puisque elle était détenue par les seules femmes : porter un enfant dans son corps.

Il faut être très prudent car on ne joue pas impunément sur la relation primaire sans en payer et sans en faire payer à d'autres le prix.

Est-ce bientraitant, pour la science, de satisfaire à ce point les caprices humains ? Seul le lointain avenir pourra répondre à cette gigantesque interrogation. En attendant, notre société, dans un souci de bientraitance, s'efforce de répondre au mieux aux détresses du présent, puisque le mot « enfant » pose parfois le problème inverse : comment gérer une grossesse aboutie et non désirée ?

L'ACCOUCHEMENT SOUS X

Il arrive que ces liens subtils qui unissent la mère et l'enfant soient rompus délibérément. Cette décision est sans doute la plus difficile et la plus douloureuse que peut prendre une femme… « Lors de l'accouchement, la mère peut demander que le secret de son admission et de son identité soit préservé » : article 341-1 du code civil, loi du 8 janvier 1993.

Si, en France, l'accouchement sous X n'est reconnu que depuis cette date, il existe depuis toujours. Au Moyen Âge, près de l'entrée des hôpitaux étaient construites des tours à deux portes où les bébés, déposés par la porte extérieure, étaient recueillis par la porte intérieure, confiés aux bons soins du personnel hospitalier puis adoptés. À une femme qui veut faire adopter son bébé sans pour autant être obligée de l'abandonner en le laissant sous le porche d'une église ou sous un Abribus, cette procédure offre un accompagnement médical et psychologique. L'accompagnement peut se faire pendant toute la grossesse et jusqu'après la naissance de l'enfant dans des conditions évidemment meilleures que la clandestine misère racontée tant de fois par les écrivains et les cinéastes. Devenus grands, ces enfants cherchent à savoir de qui et de quoi ils sont nés – « C'est qui, X ? » – et se heurtent aux pages blanches de leur dossier, conformément à ce qu'autorise l'article 9 du code civil, « Chacun a droit au respect de sa vie privée. » Mais cet article, qui protège l'anonymat de la mère, pourrait aussi justifier que la société prenne en compte et respecte la demande de repères de ces enfants dont la vie est privée… de mère de naissance, donc de son précieux héritage historique.

L'enfant recherche moins l'identité de sa mère que l'histoire de cette femme qui est venue un jour le confier à quelqu'un d'autre ; ce qui a précédé l'événement, ce qui a empêché cette femme de s'occuper de lui, et puis ces précieux renseignements que sont les pathologies et fragilités familiales, bref, une histoire à se raconter, à intégrer, dans laquelle l'enfant pourra se sentir reconnu et justifié. Il est donc possible de concilier le droit de ces femmes à accoucher dans l'anonymat et celui de l'enfant à se voir restituer des parcelles de son histoire quand il en fait la demande, en recueillant auprès de mères biologiques le maximum de renseignements au moment ou elles confient leur enfant.

Il ne faudrait pas que le besoin que ressentent les enfants d'apprendre leurs origines naturelles implique obligatoirement la levée d'un secret que les mères biologiques paient parfois de leur vie. Quelles que soient les raisons qui poussent une femme à renoncer à sa maternité, le bébé, lui, n'a aucune raison de renoncer à sa vie toute neuve. Au moment où la porte se referme sur la connaissance de son histoire biologique, une autre porte s'ouvre sur son devenir civil et affectif : la possibilité d'être accueilli par une autre mère et, si possible, un autre père…

Pendant longtemps, ces femmes ont été diabolisées pour un acte jugé contre-nature, souvent par ceux qui n'avaient jamais eu à entrevoir leur détresse. En ce qui les concerne, la bientraitance consisterait sans aucun doute à considérer avec empathie ce passage de relais qu'elles ont, dans la plupart des cas, vécu comme une déchirure indispensable à la survie de leur enfant.

L'ADOPTION

Adopter, c'est accueillir un être dont on ne connaît rien. Les parents adoptifs sont obligés de faire ce que tous les parents devraient faire, c'est-à-dire prendre l'enfant pour ce qu'il est. En face d'eux, il y a non pas la nouvelle pousse de leurs arbres généalogiques respectifs, mais un individu inconnu dont la structure, la peau, les réflexes sont différents. Il ne s'agit plus d'imposer un héritage social, historique et culturel, mais d'apprendre et de grandir avec un enfant qui est arrivé sans passé connu ni destin préétabli. Pas de projection possible à partir d'une antériorité. Cela pourrait représenter finalement une chance formidable pour l'enfant adopté comme pour les parents adoptifs.

« – Mais, nom de Dieu, qui c'est le père ? Celui qui a donné la vie ou celui qui a payé les biberons ?

– Le père, c'est celui qui aime[1]. »

La communication commence à l'instant où l'on prend l'enfant dans ses bras ; qu'il ait été conçu entre soi à la maison ou qu'il ait été conçu très loin, par deux êtres que le hasard ou la malchance a séparés de l'enfant. Son histoire va lui être racontée dès ce premier contact. Quel que soit son âge le jour où il arrive chez ses parents adoptifs, c'est une succession de mots, de phrases, d'onomatopées même qui, chaque jour, lui apprendront combien il était attendu ici. Aussi furtif qu'il ait été, le désir a réuni les deux êtres qui l'ont fabriqué ailleurs. Le message doit être clair : « Non, tu n'as pas été abandonné ; tu as été confié à nous parce que la femme qui t'a mis au monde ne pouvait pas devenir une maman. » Un jour, sur la mappemonde, on lui montre le pays où il a été conçu et, par loyauté envers ses origines, les parents adoptifs peuvent lui faire prendre contact avec cette autre culture. Il n'est pas nécessaire d'assener chaque jour à l'enfant qu'il a été A-DOPTÉ ; il finirait par croire que c'est une anomalie, une sorte de maladie, or il est avant tout un enfant.

Un sujet, tout particulièrement, est abordé différemment avec l'enfant adopté : la sexualité. Et c'est dommage qu'on ne l'aborde pas de la même façon avec les enfants naturels…

---

1. Marcel Pagnol, *César* (1936), éditions de Fallois, 2004.

En effet, si les parents adoptifs n'évoquent pas la notion de plaisir lorsqu'ils évoquent la reproduction donc la sexualité, l'enfant risque de les considérer comme un couple de handicapés : « Leur sexualité est déjà infertile, alors si, en plus, ils n'y trouvent pas de plaisir... »

Julien, dix ans, posait sans cesse la même question à ses parents concernant sa mère de naissance : « Pourquoi elle m'a fait puisqu'elle ne me voulait pas ? » Aucune des réponses ne le satisfaisait jusqu'au jour où l'on comprit enfin le véritable sens de sa question. N'ayant connaissance des rapports sexuels que dans leur fonction de reproduction, il se demandait avec bon sens pourquoi sa mère avait eu des rapports sexuels si elle ne voulait pas d'enfant.

L'enfant adopté étant, plus encore qu'un autre, curieux de comprendre l'origine de son histoire, ses parents adoptifs sont, plus encore que d'autres parents, tenus d'apporter des réponses cohérentes aux interrogations qui l'agitent. La bientraitance au quotidien est parfois bien difficile à mettre en pratique.

La grossesse gémellaire (ou mieux...)

L'annonce d'une grossesse gémellaire perturbe les parents ; les projets imaginés en prévision d'un enfant sont bouleversés par cette addition. Grâce à l'échographie, cette découverte permet aujourd'hui aux parents de s'adapter au lieu d'être mis devant le fait accompli. Les futurs parents de jumeaux se demandent comment les élever, les éduquer : deux biberons à la même heure ? le même bain pour les deux ? Un petit effort d'imagination permet de les différencier très tôt ; la mère, notamment, doit vite réaliser qu'il y a DEUX enfants et non UNE paire. Quant au père, lorsqu'il pose la tête sur le ventre de la mère, il doit s'adresser, mentalement et verbalement, à chacun des enfants ; cela est grandement facilité si deux prénoms ont déjà été attribués. Pour qu'un enfant accède à son statut d'humain, il faut qu'il soit et se sente UN ; or, bien souvent, dans le cas d'une grossesse gémellaire, il n'est que LA MOITIÉ des jumeaux. Ils ne croient pas mal faire, les parents qui évoquent le futur avec « les jumeaux » en facteur commun devant leurs rêves ; cependant, ils seront assurés de faire bien en évoquant, par exemple, Caroline et Sophie ou Paul et Jacques, et les imaginer très distinctement aidera beaucoup à l'appréhension déjà personnalisée de ces deux êtres lorsque leur naissance les révélera si semblables en apparence. Et, malgré les stupéfiantes similitudes de leurs cartes génétiques, ces deux individus sont distincts et vivront les événements de manière très différente.

Dès les premiers jours, malgré le surcroît d'attention, de travail et de temps que cela implique, il est souhaitable de leur consacrer un moment particulier à chacun, que ce soit pour donner le sein, le biberon, le bain, les soins et, bien sûr, les câlins et les jeux. Cela étant, lire la même histoire aux deux enfants avant qu'ils s'endorment ne les gâchera pas définitivement ; au contraire, cela les enracinera dans une histoire et une tradition familiales qui a nourri ou nourrira aussi la mémoire de leurs autres frères et sœurs, s'ils en ont.

Il est vivement conseillé aux parents de ces jumeaux de conserver de bonnes relations avec les amis et la famille dont l'aide devient non seulement précieuse mais nécessaire, surtout s'ils veulent préserver leur couple… Les six premiers mois de la vie des jumeaux sont difficiles. Et même très difficiles, puisqu'il va s'agir d'alterner l'attribution des tâches : si la gestion équitable des tétées revient d'office à la mère, les biberons seront donnés par le père et la mère à peu près le même nombre de fois à chaque enfant, tout comme ils partageront les deux bains, les deux séances d'habillage et de babillage, etc.

Ce que ce paragraphe expose et propose dans le cas de jumeaux s'applique aussi aux triplés, aux quadruplés, etc.

Plus précisément ? D'abord et en urgence, faire une règle de trois : les mêmes conseils sont à diviser par deux puis à multiplier par autant d'enfants arrivés en même temps... Tout de suite après, adresser aux amis et à la famille un faire-part explicite : « À tous nos parrains et marraines : ni dragées ni cadeaux... Main-d'œuvre exclusivement ! »

Car, au-delà de la joie multiple, il y a la perspective d'un long trajet de vie à conjuguer au pluriel, en veillant à apporter les mêmes soins et les mêmes enseignements, mais de manière différente, à chacun de ces enfants si ressemblants et si dissemblables à la fois...

L'ÉDUCATION SPÉCIFIQUE DES JUMEAUX, DES TRIPLÉS...

De nombreux parents se demandent si, en établissant délibérément une différence entre les jumeaux, ils ne risquent pas de marquer, contre leur volonté, une préférence. Qu'ils se rassurent. Les différences profondes qui préexistent entre ces deux enfants depuis leur conception vont finalement aider les parents à se comporter différemment envers chacun. Par exemple, à l'heure de les vêtir, et même si la tentation est grande d'acheter tout en double (par commodité, par jeu, etc.), les parents doivent s'imaginer leurs propres réactions s'ils étaient contraints d'adopter chaque jour la même tenue que les autres membres du groupe auquel ils appartiennent... En outre, en plus de faciliter leur identification, donc leur identité, cette différenciation vestimentaire va devenir une aide précieuse lorsque les parents seront confrontés à deux niveaux de performances. Scolaires, sportives, artistiques ou autres, celles-ci varient sensiblement d'un enfant à l'autre, y compris dans le cas de jumeaux. Or, si dans chaque famille plurielle ces variations sont non seulement acceptées mais valorisées, dans le cas de jumeaux, on succombe vite à la comparaison : « Caroline est beaucoup moins douée que sa sœur ; au cours de danse, elle manque vraiment de souplesse ! Quant à la grâce... » Et c'est certainement vrai, mais, un jour prochain, Caroline s'entichera d'équitation et, qui sait, montrera là des aptitudes exceptionnelles dont sa raideur et sa rusticité seront les qualités premières, alors que, sur son poney, Sophie sera mal à l'aise, encombrée de ses dispositions de danseuse. Le jour où le premier enfant commence à marcher, l'événement est accueilli avec l'enthousiasme et la joie que tous les parents connaissent. Le jour où le second s'y met à son tour, il faudra veiller à ne pas en faire seulement « la suite logique et tardive de ce qui s'est déjà produit avec son jumeau » car, pour l'enfant, c'est SA première fois à lui et il a besoin, comme l'autre, de susciter chez tous les membres de la famille les « Ah ! » et les « Oh ! » admiratifs qui encouragent à continuer et donnent envie de progresser.

Très souvent, ce sont les jumeaux eux-mêmes qui expriment leur volonté d'être semblables, que ce soit en matière vestimentaire, ludique, scolaire, etc. Or, de la même façon que l'éducation vise à donner aux enfants les moyens de quitter les parents, l'éducation des jumeaux doit viser à donner à chacun des enfants les moyens de quitter l'autre, c'est-à-dire de suivre SON propre chemin de vie, d'optimiser SES propres aptitudes. Quitter l'autre ne veut pas dire s'en séparer mais s'en distinguer par tout ce qui rend chacun unique au monde. Quant au goût particulier qu'ont les jumeaux de tromper l'entourage en intervertissant leurs tenues ou, au contraire, en les copiant de façon maniaque, c'est de bonne guerre et, au fond de nous, pauvres enfants issus d'une grossesse unique, avouons que nous aurions bien voulu en faire autant... Si ces jeux restent épisodiques, il n'y a pas de quoi s'alarmer.

Deux... Trois... Quatre... Cinq, pourquoi pas ? La perspective de soigner, de nourrir, d'éduquer, d'élever et d'orienter plusieurs enfants du même âge mais dotés de tempéraments bien distincts peut donner le vertige à tous les parents « un peu trop fertiles ». Il y a cependant d'autres circonstances où la charge peut sembler infiniment plus lourde alors même qu'un seul bébé vient de naître ; c'est lorsque ce bébé est affligé d'un gros handicap…

L'ENFANT HANDICAPÉ

Seuls avec l'enfant affligé d'un handicap, ses parents construisent la relation avec ce qu'il est, en fonction de ce qu'il peut ou ne peut pas faire. Quels que soient l'importance du handicap et le degré d'invalidité, tant qu'ils sont à la maison, les parents portent sur leur enfant un regard de parents, tout simplement. En revanche, à l'extérieur, les autres regards (à l'école, chez les commerçants, dans la rue, etc.) leur renvoient et amplifient sans cesse le handicap.

Contrairement aux autres parents qui commencent à s'inquiéter de l'avenir des enfants à mesure que leur propre temps de vie s'amenuise, les parents d'enfants handicapés s'inquiètent dès la découverte du handicap (à la naissance ou dans les premières années de vie). Et leur angoisse va croître proportionnellement à la rareté des places disponibles dans les structures d'accueil pour les enfants handicapés puis, plus grande encore, dans celles destinées aux adultes handicapés. Lorsque l'enfant a des frères et sœurs valides, les parents peuvent être tentés de leur transmettre le pouvoir et le devoir de prendre le relais en cas de besoin. Cependant, se sentant déjà coupables d'avoir donné naissance à un enfant diminué, ils culpabilisent plus encore d'imposer la charge et, finalement, le lourd handicap social, qu'un tel poids représentera ensuite pour les enfants valides. En effet, quel jeune homme épousera la jeune fille accompagnée en permanence d'une sœur trisomique ? Quelle jeune femme aura le courage de co-assumer, avec l'homme qu'elle aime, la présence d'un beau-frère sans doute intelligent mais sans cesse agité par des mouvements désordonnés ? Enfin, combien d'employeurs autorisent, sur le lieu de travail, la présence d'un frère paralysé auprès de l'employé ? Quels métiers autorisent l'absentéisme récurrent qu'une telle charge suppose ?

Bien souvent, les parents ne peuvent s'empêcher de penser : « Nous ignorons ce que nous avons fait de mal pour engendrer un tel enfant, et plus encore pourquoi cet enfant est à ce point puni par le sort, mais nous avons dû faire quelque chose de bien quand même puisque nous l'aimons, qu'il nous aime sans rancune et qu'il aime sa vie. »

Qu'ils manifestent de la compassion, de l'attention ou de la gêne, le valide et, avec lui, la société majoritairement valide réagissent le plus souvent inadéquatement face au handicap, faute d'avoir pris la peine d'entendre le vrai besoin du handicapé.

Quant à celui qui est devenu handicapé par accident, il oublie le plus souvent que lui-même réagissait de la même façon du temps de sa validité, tant il est vrai que personne n'est en mesure de vraiment « se mettre à la place de l'autre ». L'empathie et la compassion sont peu de choses en face de l'expérience vécue.

Hélas ! il existe un autre écueil possible dans la vie des parents : il arrive parfois qu'un enfant leur soit soustrait ni par la maladie ni par le handicap mais par un adulte. Proche ou inconnu, malade mental ou méchamment conscient de son acte, celui-ci devient l'instrument du malheur…

L'ENLÈVEMENT D'UN ENFANT

C'est le plus odieux des crimes puisqu'il touche à ce qui nous est le plus précieux.

Sensibilisé par le fait que, dans certaines affaires dramatiques, les enfants enlevés ont été retrouvés après avoir subi des violences inimaginables, lorsqu'on évoque un enlèvement d'enfant, on imagine immédiatement le sinistre individu qui attend l'enfant dans un recoin sombre de la rue pour l'enlever. Il est normal que l'inconscient collectif en soit frappé, mais, en fait, très peu de rapts d'enfants sont le fait d'inconnus ; dans la majorité des cas, il s'agit de l'un des parents de l'enfant.

Par parent, il faut comprendre parent direct ou indirect : père, mère, grand-père, grand-mère, oncle, tante, beau-père, belle-mère, etc.

Quelle que soit la personne qui a enlevé l'enfant, quelle que soit également la raison de l'enlèvement, c'est un séisme qui bouleverse les fondations de la famille, tout particulièrement pour le couple des parents de l'enfant. Que l'enfant soit ensuite retrouvé ou non, vivant ou non, l'événement restera un drame. Selon les personnalités respectives de la mère et du père, selon aussi les sentiments qui les reliaient jusque-là, ce drame va, pour certains, solidifier ce lien à jamais. Pour d'autres, en revanche, la culpabilité, ressentie par chacun et reportée sur l'autre sous forme d'accusations réciproques, va faire éclater le lien.

La bientraitance est pratiquée, entre autres, par les associations d'entraide, le plus souvent créées par des individus dont un enfant a disparu. L'on y prend en considération chaque circonstance et chacun des membres de la famille de l'enfant enlevé. Pour ce qui est de l'enfant, lorsqu'il est retrouvé, c'est le plus souvent un psychologue qui le bientraitera en considérant son histoire.

Septième partie

La bientraitance au fil de la vie adulte

Perpétuer l'espèce ne consiste pas uniquement à se reproduire. Chaque individu est programmé pour se perpétuer lui-même le plus longtemps possible et dans les meilleures conditions possibles. Ce n'est pas toujours facile. Plus encore qu'être bébé fragile, enfant malade, adopté, adolescent désespéré, adulte stérile ou adulte handicapé, l'état le plus dangereux au monde est celui d'être vivant, car cet état est menacé à chaque instant par d'innombrables dangers. Parmi ceux-ci, pour l'humain en tout cas, il y a trop souvent un autre être humain. Du frère jaloux à la brute assassine en passant par le voisin procédurier, nos semblables sont quelquefois toxiques. En état de manque permanent, jamais apaisés par les hormones bienfaisantes, ces individus se shootent, eux, à l'adrénaline sécrétée par le ressenti de leur propre douleur ou/et par le spectacle de la douleur de l'autre. La frustration chronique génère la jalousie morbide qui, en plus d'inhiber la joie bienveillante, génère des comportements extrêmes.

Plusieurs des exemples donnés dans ce livre nous ont montré que le confortable, l'agréable et le rassurant ne sont pas obligatoirement les manifestations d'une bientraitance. De même, le douloureux, le désagréable, l'inquiétant ne sont pas forcément les manifestations d'une maltraitance. Pour aborder ce thème, il est préférable d'oublier la classification en deux colonnes des choses « bien » opposées aux choses « mal ». Abordons cet univers de nuances avec l'orgueilleuse humilité, le doute péremptoire, l'assurance timide, la science intuitive, l'empirisme circonspect, bref, en affûtant nos perceptions émotionnelles autant que rationnelles. Rassemblons notre savoir psychologique, sociologique, ethnologique, et mobilisons le tout au service du bon sens lucide et bienveillant qui préside à toute bientraitance.

Chaque individu a fait l'expérience de réactions violentes non seulement gratifiantes mais indiscutablement formatrices sur le plan pédagogique, ce qui, paradoxalement, suppose que certaines violences sont bientraitantes. De la gifle censée ranimer une évanouie jusqu'au coup de poing destiné à contrer une pulsion suicidaire chez le grand déprimé dont l'index tripote compulsivement la gâchette du revolver, on trouve quantité d'exemples où, le temps manquant pour un discours philosophique ou analytique, la violence est un précieux adjuvant. Décidément, non, la bientraitance n'est pas simplement le contraire de la maltraitance.

Témoin de la tentative d'enlèvement d'un enfant, un homme sort précipitamment de sa voiture, fonce sur l'enfant, le saisit brusquement par le bras et crie au monsieur si poli : « Laissez cet enfant tranquille ou j'appelle la police ! » Pour la passante, ce témoin se comporte comme un maltraitant agité et brutal ; la preuve, l'enfant se débat – « Vous me faites mal ! » – alors que le pervers, toujours poli, s'offusque sans manifester d'agressivité. Où est la maltraitance ? Où est la bientraitance ? De même, le ravisseur peut être un parent qui tente désespérément de soustraire l'enfant à ce qu'il considère être de mauvais traitements infligés par l'autre parent. L'acte apparemment maltraitant ressemble alors à s'y méprendre à un acte profondément bientraitant.

On constate, en soi et autour de soi, ce fait navrant mais naturel que, hors du champ visuel du parent ou du gendarme, chacun se conduirait volontiers assez mal pour satisfaire ses pulsions égoïstes. Pour convaincre tous ces chacuns – dont soi – de se comporter bien, il est nécessaire de rendre attrayant le bien agir. Et attrayant tout de suite (la perspective de l'enfer n'empêche personne de mal agir, une fois passée l'époque du catéchisme).

Du plus bénin au plus grave, la liste des cas où la bientraitance envers les adultes se révèle efficace est infinie. Nous n'évoquerons ici que quelques-uns de ces cas et il appartient à chacun d'en appliquer les principes au fil de ses jours.

Le cadeau

Tout au long de notre vie, l'échange de cadeaux va marquer de son empreinte nos relations d'enfant et d'adulte. Plus ou moins codifié selon les pays, ce geste, qui peut paraître anodin, en dit long sur la qualité de nos relations et sur nos intentions bientraitantes ou non.

L'objet du cadeau, la façon de l'offrir et celle de le recevoir ont leur importance. Ce sont des actes si importants et tellement signifiants que, dans certaines sociétés, l'échange s'effectue selon des codes très précis, selon la hiérarchie familiale ou sociale, le sexe et la circonstance. Certaines traditions enseignent au récipiendaire de ne jamais ouvrir le cadeau devant le donateur, ce qui permet de ne montrer que la joie ressentie d'avoir mérité un cadeau, sans rien montrer de la possible déception à la vue du cadeau lui-même.

Chez nous, le récipiendaire est supposé ouvrir le cadeau devant le donateur pour ne pas le vexer. Traditionnel mais risqué car, en cas de déception, même réprimée, le donateur peut la percevoir et en ressentir de la peine. Et si, au contraire, le cadeau plaît vraiment, la réaction du récipiendaire ne sera pas systématiquement à la hauteur de ce que le donateur en attend : « Merci, ça me fait très plaisir ! » peut ne pas suffire. Selon le message implicitement contenu dans l'offrande, celui qui offre attend du bénéficiaire, selon les cas, une réaction de bonheur ou de reconnaissance, ou même parfois de soumission. Celui qui reçoit est censé comprendre l'intention symboliquement matérialisée par l'objet contenu dans le paquet de l'autre, et y répondre adéquatement.

Pour illustrer l'évidence selon laquelle l'objet du cadeau importe moins que le message envoyé, voici une anecdote : en guise de cadeau de Noël, un jeune homme reçut de sa compagne une serviette hygiénique immaculée, ce qui, *a priori,* pouvait passer pour une navrante preuve de vulgarité. Mais, si l'on précise que ce jeune homme et sa compagne espéraient depuis longtemps faire un enfant, alors le message devenait clair : « Je suis enceinte ! » et le cadeau devenait alors la merveilleuse annonce d'un grand bonheur.

Inversement, le cadeau somptueux offert par une personne que l'on n'aime pas du tout, non seulement ne rendra pas son récipiendaire plus amène mais, au contraire, augmentera la distance entre les deux acteurs de l'événement et aggravera la répulsion du récipiendaire envers ce donateur.

Le cadeau le plus fréquent reste celui offert par une personne que l'on aime. Avant même de l'ouvrir, on exprime son émotion d'avoir mérité que l'autre ait pensé à soi ainsi que le temps que cet autre a passé à chercher un cadeau. Ensuite, si de surcroît le cadeau correspond à notre souhait, tout est parfait. Mais si, hélas, le contenu est décevant, deux solutions également bientraitantes s'offrent à nous, selon le message que, à notre tour, l'on souhaite faire passer :

– si l'on veut bien considérer uniquement l'intention du cadeau, on dissimule la déception et on s'exclame avec ravissement, faisant ainsi, à notre tour, le cadeau de ne pas gâcher la joie d'offrir. C'est ce que toutes les mères font en recevant le sempiternel collier de nouilles préparé en grand secret à l'école maternelle pour la fête des mères ;

– si l'on tient beaucoup à instruire l'autre de ce que l'on aime ou non, il est possible de l'exprimer tout en y mettant les formes : « Un pull en cachemire ! Quelle merveille... Dommage que je ne sois pas blonde, ce marron m'irait beaucoup mieux. »

Parce que la plupart des personnes qui nous font un cadeau nous apprécient et veulent, de tout leur cœur, nous prouver ainsi leur attachement, nous préférons mentir un peu, en tout cas ne pas exprimer tout à fait le désappointement suscité par leur cadeau mal choisi. Ce mensonge-réflexe est bientraitant à court terme, mais le sera-t-il encore si la relation avec cette personne doit durer, donc s'enrichir au cours du temps partagé ? Il faut être parvenu à un très haut degré de connaissance et de confiance mutuelles pour s'enhardir à dire : « Tu ne pouvais pas tomber plus mal ! J'ai horreur des faïences bretonnes et, en plus, on m'a déjà offert trois soupières de ce genre ; elles sont à la cave », sans risquer la rupture définitive avec l'ami qui vient de dépenser une fortune pour cette soupière ancienne avec couvercle non ébréché. Mais, parvenus à ce degré de connivence, il y a peu de chances que l'autre offre un cadeau aussi inapproprié, donc il y a peu de risque que l'on soit tenu de lui mentir, même par générosité. Si l'on veut parvenir à cette merveilleuse complicité, la bientraitance suppose de ne pas abuser du mensonge courtois, d'autant que le cadeau n'est qu'un aspect de ce que, au cours d'une vie, chacun est censé donner ou recevoir... L'argent, par exemple, peut tour à tour être cadeau – généreux ou empoisonné –, chantage, instrument d'aide ou d'assujettissement...

Le harcèlement moral

L'employé harcelé par son supérieur, la jeune épouse harcelée par son mari ou par sa belle-mère, les retraités harcelés par leur voisin, etc. Autant d'exemples de violences exercées délibérément par des individus sur d'autres individus, le plus souvent pour la simple satisfaction de maintenir l'autre sous sa domination, en son pouvoir, bref, de posséder et de réduire l'autre à l'état de servage et de mendicité affective.

Contrairement aux agressions caractérisées, le harceleur ne cède que très rarement à la colère, il n'entre pas dans le piège de la dispute. D'abord parce qu'il y montrerait ses failles (notamment le vide dont il souffre et qui, précisément, le pousse à se « remplir » de l'autre), ensuite parce que la colère et la dispute sont des états ponctuels, aléatoires et maladroits, à l'issue desquels le plus fort, c'est-à-dire le plus sonore et le plus agité, perd rapidement sa position dominante. Au contraire, le harceleur s'inscrit d'autant plus dans la durée qu'il se repaît de l'énergie et de l'estime de soi de sa victime. Le harceleur commence par identifier la victime idéale (intelligente mais fragilisée), puis il la dépouille de ce qu'elle peut avoir de positif en se l'appropriant (telle bonne idée exprimée discrètement par la victime sera exposée en public comme née dans le cerveau du harceleur). Le harceleur sollicite de plus en plus fréquemment la victime en lui attribuant des tâches de plus en plus avilissantes et inutiles, puis en alternant ordre et contrordre. Ainsi dépouillée, dépersonnalisée, déprimée par les preuves quotidiennes de son incompétence, la victime démissionne, de son poste au travail ou de son statut dans la vie. Toutefois, tel un vampire, le harceleur n'accepte sa démission – ou ne met fin au harcèlement – que lorsque l'état mental de la victime est au plus bas, lorsqu'elle est exsangue. Alors, le vampire se met en quête d'une autre victime.

Le harcèlement peut durer longtemps et impunément puisque le seul témoin à charge est la victime, et que l'unique preuve est une confession que cette victime n'est pas pressée de faire : avouer qu'on s'est laissé avilir par un individu ni armé, ni costaud, ni même très important dans la hiérarchie sociale… quelle honte, quelle misère ! Et, pour ajouter à son impunité, nourri chaque jour des forces volées à sa victime, le harceleur se sent de mieux en mieux ; il se comporte donc encore plus courtoisement, plus jovialement avec les autres membres du groupe. Le piège est total pour le harcelé qui ne peut ni être entendu ni, *a fortiori,* être cru. Pire, la victime, qui se plaint sans pouvoir apporter la moindre preuve de ce qu'elle subit, devient elle-même suspecte de mensonge calomnieux.

Il arrive aussi que le harcèlement procède d'une stratégie : l'employeur souhaite se débarrasser d'un employé mais, pour ne pas lui verser d'indemnités de licenciement, il l'accule à donner lui-même sa démission. Le mari, consciemment ou non, prend sur sa femme une revanche si, par exemple, elle occupait une position plus haute que lui au début du mariage. La belle-mère est déterminée à faire craquer sa belle-fille jusqu'au point de rupture du mariage, dans le but de récupérer son fils. Le voisin fait la guerre des nerfs aux retraités d'à côté parce qu'il veut à tout prix obtenir leur terrain.

Au sein de ce type de situation, où se situe précisément la maltraitance ? Où commence la complaisance de la victime ? Est-elle harcelée ou paranoïaque ? Quelle est la racine de son consentement tacite ? Diverses méthodes bientraitantes se proposent d'affermir ses défenses mentales pour l'empêcher de devenir esclave de ces maltraitances volontaires, ou, si le mal est commencé, de l'aider à sortir de cette spirale. À ces méthodes s'ajoutent et se confondent les façons de ne pas, à son tour, devenir tortionnaire… Ces moyens de prévention seront exposés plus en détail dans « La bientraitance thérapeutique » (p. 223), mais il semble bientraitant d'exposer ici quelques moyens simples de prévenir, en soi comme en autrui, une tendance harcelante ou, tout aussi fâcheuse, une tendance à se laisser harceler :

– tenir compte des réflexions de la famille, des amis, des collègues, telles que : « Pourquoi t'acharnes-tu sur Untel ? » ; ou : « Tu aimes à ce point te faire piétiner ? » ;

– s'interroger sur la propension naturelle qui est en nous à jouir de voir quelqu'un dominer abusivement ou quelque autre se faire dominer. Et, le cas échéant, à demander conseil aux amis, à un psy ;

– en cas de doute, si nos réactions nous semblent sujettes à caution, ne pas hésiter, en premier lieu, à lire quelques ouvrages de psychologie à l'usage de tous. Même si l'on n'y trouve pas tout de suite la réponse aux questions que l'on se pose, on y apprend à mieux se poser ces questions.

Nous avons vu ce que le harcèlement peut générer de traumatismes sur le mental d'un individu ; or, pour traumatiser et réduire son semblable à sa merci, l'humain dispose décidément d'un large éventail de possibilités dont il est même capable d'user envers son plus proche entourage. Parmi ces « malfaisants », certains sont – et c'est un piège terrible – dotés d'un grand pouvoir de séduction…

Vivre avec un être séducteur

Parfois, la bientraitance commence par soi-même et par sa propre protection, or, vivre avec un être séducteur représente un réel danger de se dépersonnaliser, de perdre confiance en soi.

Pour découvrir ce qui se passe dans la tête d'un être séducteur, il suffit à la plupart d'entre nous de se remémorer la dernière occasion que nous avons eue de convaincre un individu de ce dont, une minute auparavant, il n'était pas du tout convaincu. Par exemple, pour obtenir de ce conducteur pressé qu'il nous cède sa place de parking, nous avons fait acte de séduction : un sourire, une moue gentiment explicite, le tout bien dessiné par notre détermination.

La séduction est un moteur pour chacun d'entre nous. Elle confirme notre capacité de plaire, donc d'être une personne qui a suffisamment de valeur pour être aimée. Pour certains, c'est une quête, une course effrénée comparable à une addiction. Chaque nouvelle rencontre commence par une grande excitation. Elle représente une nouvelle occasion d'asseoir son pouvoir donc d'apaiser son anxiété profonde. Une fois l'autre séduit, la réplétion affective correspond à un bref moment de repos. Bref, car, très vite, le manque perpétuel de reconnaissance pousse l'individu à renouveler l'expérience, et donc à rechercher éperdument une nouvelle occasion de recommencer. N'étant pas sûr de leur valeur, les êtres séducteurs ont besoin d'être rassurés en permanence en mettant la barre de plus en plus haut, que ce soit au niveau du choix qualitatif ou du nombre des partenaires.

Se bientraiter préventivement contre un éventuel être séducteur consiste à ne pas ressembler à ses proies favorites…

Le plus souvent, le nouveau partenaire d'un être séducteur est valorisé par le fait d'être choisi par celui-là (celle-là) même qui papillonne de partenaire en partenaire : « C'est un cavaleur (une coureuse) mais c'est moi qu'il (elle) préfère ; c'est moi qui l'ai transformé(e) ! » Cela fonctionne particulièrement bien avec une personnalité qui n'a pas beaucoup d'estime de soi. Il (elle) a le sentiment d'être l'élu(e) et pense souvent – car l'être séducteur le lui donne à penser – qu'il (elle) sera l'ultime partenaire, qu'il (elle) saura enfin le combler. Méfions-nous donc de nous-même avant tout…

En effet, l'être séducteur ne peut être fidèle, car, chaque conquête matérialisant un nouvel exploit, renoncer à conquérir serait pour lui (elle) un peu comme renoncer à vivre. Condamné à la portion congrue d'un partenaire unique, cet être souffrirait d'une soif inextinguible de sensations stimulantes. Son malheureux partenaire va peu à peu se sentir nié, puis ressentir une importante baisse d'estime de soi qui peut le mener à la dépression, surtout s'il (elle) place la fidélité au cœur même de la relation. Il (elle) peut en outre s'épuiser à essayer de montrer à son partenaire à quel point son comportement le (la) fait souffrir sans que cela change quoi que se soit à l'attitude de ce dernier. Logique, puisque l'être séducteur souffre plus encore…

La première question à se poser lorsque l'on vit avec un être séducteur est : « Pourquoi est ce que je l'ai choisi(e), lui (elle) ? Est-ce que je savais qu'il (elle) était comme cela ? » « J'ai sans doute été flatté(e) mais, maintenant, qu'est-ce qui fait que je n'arrive pas à partir malgré la souffrance quotidienne que son addiction m'inflige ? »

Pour sauver la face, certains et certaines tentent de jouer le jeu en provoquant sans relâche des circonstances anxiogènes pour leur conjoint séducteur. La manœuvre fonctionne très peu de temps, car c'est une occupation à plein temps. Il n'y a pas de RTT pour le conjoint d'un être séducteur… La lucidité ne suffit pas, les bons copains, les bonnes copines vigilantes non plus. Il est difficile de se poser les bonnes questions, car les réponses nous enseignent souvent ce que nous n'avons pas envie d'apprendre sur nous-même. Il est préférable de se faire soutenir par un professionnel, ne serait-ce que pour reprendre un peu de confiance en soi.

La solution la mieux traitante reste, hélas et heureusement, la fuite, surtout si le compagnon séducteur refuse de se considérer comme problématique, donc refuse de se faire lui-même aider. Bientraiter l'autre, c'est aussi se bientraiter soi-même puisque, ainsi, on soulage l'autre d'une pénible culpabilité… La solution de la fuite est également celle préconisée dans le cas où, pire que séducteur, le compagnon semble doté d'une double personnalité. Tel individu considéré comme affable, serviable et jovial par tous ses partenaires de la vie sociale extérieure peut, dans son foyer, se comporter comme un tortionnaire…

La bientraitance consistant aussi à prévenir les drames éventuels, voici, à l'intention de tous les couples, un conseil magique d'origine tzigane (la séparation est un accident rarissime dans les traditions tziganes) et hautement bientraitant : se munir de deux pots en terre (ou en tout autre matériau opaque) de couleurs différentes. L'un pour l'homme, l'autre pour la femme. Se munir également de graines ou de billes, de couleurs et de formes différentes, dont chacune représentera symboliquement un sentiment. Par exemple, un haricot rouge pour la colère, une lentille pour une joie, etc. Chaque soir, l'homme et la femme déposeront chacun dans son pot la graine correspondant au sentiment dominant de la journée. Une fois par mois, chacun versera dans une soucoupe les graines de son pot pour faire part à l'autre de ce qui, au cours de ce mois, l'aura enchanté, peiné, amusé, révolté… Simpliste ? Oh oui ! Et extraordinairement efficace. Voir ainsi, dans la soucoupe de l'autre, ce que nous avons offert ou infligé à l'autre frappe plus profondément l'esprit qu'une succession de discussions !

Le couple et l'argent

Il existe de nombreuses façons de gérer l'argent au sein du couple : un seul compte commun, un compte commun et deux comptes individuels, des comptes séparés avec attribution à chacun d'un secteur de dépense spécifique, l'homme investissant dans les grosses dépenses visibles (voiture, chaudière, réfrigérateur, etc.) et la femme se chargeant de ce qui disparaît (nourriture, produits d'entretien, vêtements, cours de sport, etc.)… Aucun modèle n'est à exclure à partir du moment où le modèle adopté ne génère pas de conflit.

Quand l'argent devient source de malaise, les questions que l'on doit se poser sont :

– Qui le gagne ? Lui, elle, les deux ? Est-ce un problème ?

– Qui le gère ? Lui, elle, les deux ? Est-ce un problème ?

– Qui le dépense ? Lui, puisqu'il vient de s'offrir une voiture neuve ? Elle, en achetant des bricoles mais trop souvent ? Cela pose-t-il problème ?

– Enfin, lequel des deux en parle le plus ? Cela peut-il être l'origine du conflit ?

Il arrive que l'argent soit pathologique pour l'un. Qu'il s'agisse d'avarice caractérisée ou d'addiction au jeu, cela devient forcément une souffrance pour l'autre qui, en plus, se sait impuissant à influer sur son compagnon (sa compagne).

L'argent représente le pouvoir. Lorsque, dans le couple, survient une crise sérieuse pouvant aboutir au divorce, celui qui se sent lésé affectivement, socialement ou autre pense, murmure ou clame : « Elle (il) va me le payer ! » Ce n'est alors qu'une image, un symbole, mais très vite la rancœur matérialise le symbole… L'argent semble être la source de conflits au sein de la moitié des couples. Et c'est le même argent qui devient ensuite l'un des meilleurs antidotes : s'entre-déchirer à propos de douze petites cuillères argentées, c'est déjà surmonter le chagrin et l'humiliation d'avoir été abandonné(e) par l'autre.

Mais l'argent est-il le seul grand fautif ? Ou n'est-il qu'un prétexte ? Il semble que l'argent soit un écran pratique et, somme toute, confortable derrière lequel se dissimulent des griefs plus graves et plus nombreux. Si graves, parfois, qu'ils en deviennent indicibles : sentiment de castration pour l'homme dont la compagne se comporte en dominante :

« Forcément, avec ce que tu gagnes, je n'ai plus qu'à me taire » ; sentiment de honte pour la femme dont le compagnon se comporte en chiffe molle : « Tu n'es même pas capable de demander une augmentation à ton patron. »

Les femmes reviennent de loin ! Durant des siècles, elles furent matériellement dépendantes de leur père puis, sans transition, de leur mari. Ce sont deux guerres – hélas ! – qui les ont émancipées. En 1914 puis en 1939, obligées de se substituer aux hommes partis à la guerre, les femmes ont d'abord subi leur nouveau statut de femmes actives, puis elles se sont adaptées à celui de femmes agissantes ; enfin elles ont apprécié et adopté celui de femmes incidentes et décideuses. Entre autres bouleversements, l'autonomie financière que les femmes ont acquise par leur travail a bouleversé l'ordre social et matrimonial.

« Que vient faire la bientraitance là-dedans ? » Là comme ailleurs, la bientraitance suggère de se comporter comme pour tout ce qui est sensible en chacun de nous. De la même façon que pour la sexualité, l'argent, dans le couple, ne doit pas être un thème évacué mais une réalité évoquée régulièrement. Pour se bientraiter mutuellement au sein du couple, il est préférable de se parler dès l'apparition des premiers symptômes, avant que la cause profonde s'enfouisse sous les couches épaisses du temps et du silence.

La violence conjugale

En France, toutes les deux semaines, trois femmes meurent du fait de violences infligées par leur conjoint. Mais quelle que soit la proportion exacte de femmes victimes, c'est finalement pour chacune d'elles cent pour cent de douleur, de honte et de désespoir. Pourtant, la plupart d'entre elles s'étaient laissé violenter longtemps ! Si une femme battue continue à vivre au domicile conjugal, si elle attend si longtemps pour quitter un homme capable de la frapper quotidiennement, au risque de faire d'elle une handicapée à vie, c'est que sa propre histoire l'a déjà fragilisée. Que son environnement parental ait été violent dans son enfance ou que, plus tard, des circonstances lui aient retiré toute confiance en elle, cette femme sans défense croit naïvement qu'elle n'a pas assez aimé, pas assez donné. Et, sur ce terrain de candeur craintive, les premiers coups infligés par son compagnon semblent donner raison au sentiment qu'elle a de sa culpabilité. À mesure que le temps, scandé quotidiennement par chaque coup reçu, confirme son statut de victime, elle se sent, elle, de plus en plus coupable. Cette culpabilité paralyse sa volonté initiale et inhibe son intelligence jusqu'à anéantir les ultimes soubresauts de son instinct de survie. Plus l'homme les abîme, plus elle se persuade de n'avoir pas mérité mieux. Pour peu qu'en plus, l'homme, après sa crise, lui demande pardon, elle est bouleversée et convaincue que plus d'amour résoudra tout, qu'en se conformant aux exigences de cet homme tout s'arrangera.

En réalité, l'homme violent n'implore le pardon que pour s'assurer de la permanence d'une présence dont il a absolument besoin pour assouvir son triste penchant. Même s'il supplie à genoux, en pleurant, en promettant que cette situation ne se reproduira plus jamais, l'homme violent restera violent et recommencera. Sauf s'il se fait soigner.

Plus elle donne d'amour et plus elle se soumet aux volontés de l'homme, plus la femme remplit un puits sans fond. Plus elle est docile, plus elle est battue ; or, plus elle est battue, plus elle a la preuve d'être coupable.

Par exemple : « C'est ma faute ; il m'avait interdit de porter cette robe rouge… Je l'ai portée quand même, alors, forcément, il m'a battue ! Je n'aurais pas dû la porter » ; au lieu de se dire : « Il n'aime pas ma robe rouge, d'accord, j'éviterai de la porter pour sortir avec lui, mais, puisque je me sens bien, moi, dans cette robe, je la porterai pour faire mes courses ou travailler. » Quel que soit le degré d'intelligence de cette victime, l'assujettissement est tel qu'elle ne se rend plus compte de l'incongruité ni de l'iniquité de l'interdiction.

Et rien n'enraye l'infernale spirale... Sauf, un jour, le cri de l'enfant terrorisé parce que le père menace de le frapper. Alors, dans la femme, quelque chose se déchire violemment ; elle se redresse, relève la tête, prend une valise dans une main, de l'autre elle attrape l'enfant et, en un instant, fuit la geôle, le tortionnaire et même une grande partie de sa culpabilité puisqu'elle sauve son enfant.

Le plus souvent, en effet, les enfants servent de déclencheurs, car ce qu'une femme peut supporter pour elle-même devient brutalement inacceptable lorsque cela touche ses enfants. D'un coup, elle réalise que, témoins de ces violences ou eux-mêmes en danger d'être battus par le père, ils manifestent leur terreur par des symptômes de plus en plus sérieux (de l'énurésie à la tentative de suicide).

Ces femmes doivent absolument et immédiatement porter plainte, puis s'adresser à l'une des associations aptes à gérer ces situations dramatiques.

Encore aujourd'hui, ce sont les femmes – donc les victimes – qui sont obligées de quitter la maison en urgence, avec valise et enfants. Pour peu qu'elles acceptent de porter plainte, le commissariat les met rapidement en contact avec une association de défense qui leur fournit un hébergement en foyer pour femmes battues. Un projet de loi BIENTRAITANT est en cours pour permettre aux femmes et aux enfants de rester à la maison, tandis que l'homme devra partir avec obligation de se faire soigner s'il veut réintégrer le domicile conjugal, sa place de conjoint et sa place de père. Ce projet est en cours, et il fonctionne déjà très bien dans les rares tribunaux qui l'ont mis en pratique.

LA MALADIE PSYCHIQUE

Par grand bonheur (et grand malheur), la maladie psychique est sortie de l'enfermement ou l'avaient cantonnée les « asiles de fous » : grand bonheur, car il est désormais possible de parler d'anxiété et de dépression sans que soit jetée sur vous la malédiction d'un regard terrorisé. Grand malheur, car il est désormais possible de banaliser une grande souffrance pour la raison qu'elle ne fait plus peur : « C'est pas grave, il fait une petite dépression ! » Parmi ces maladies, l'attaque panique est l'une de celles que l'on prend le moins au sérieux, et pourtant…

Le mot « panique » a pour origine le dieu grec Pan qui, mi-homme mi-bête, terrorisait l'imaginaire de la population. L'attaque de panique fait très peur. Pour illustrer ce que peut ressentir l'individu victime d'une telle crise, imaginez-vous dans un supermarché où, tout à coup, une bombe explose, plongeant le bâtiment dans l'obscurité. Immédiatement, votre cœur bat à deux cents pulsations / minute, vous transpirez, vous tremblez et, bien sûr, vous vous précipitez vers l'extérieur pour fuir. Votre réaction est normale. Or, l'individu pris par la panique ressent exactement les mêmes symptômes, avec le même besoin de fuir, la même peur de mourir, sauf que dans la réalité il n'y a pas d'explosion ni quoi que ce soit qui justifie ces réactions. Le pire est que, lors des premières crises, cet individu ignore qu'il est sujet à la panique ; il croit devenir fou puisque son cerveau rationnel sait que rien, dans cet instant, ne justifie son bouleversement, sa peur de mourir. Mais son cerveau émotionnel le propulse à toute vitesse hors de ce lieu ; il lâche son chariot (et même ses enfants, le cas échéant) et se précipite dehors « comme un fou ».

Qu'est-ce qui déclenche une attaque de panique ? Deux hypothèses sont envisageables :

– soit le terrain est phobique, c'est-à-dire que l'individu souffre déjà de peurs irrationnelles (la foule, le noir ou autres). Dans l'exemple du supermarché sans explosion, le même individu, habituellement capable de surmonter sa peur un certain nombre de fois, pendant des laps de temps limités, a peut-être dû, le même jour, se rendre deux fois de suite dans un tel magasin. N'ayant pas eu le temps de décompresser, de se déstresser, il a craqué lors de la seconde expérience ;

– soit l'individu est victime de la peur d'avoir peur. Le facteur déclenchant d'une ancienne terreur n'a pas été identifié, ou a été oublié, mais la mémoire de cet individu garde le souvenir d'une telle frayeur que, ensuite, tout lieu, tout événement devient un danger potentiel. Cette peur d'avoir peur génère en lui une tension si forte qu'il va non seulement subir une attaque de panique, mais, à ses peurs va s'ajouter celle d'avoir une nouvelle attaque. C'est un enchaînement tragique dont il aura beaucoup de mal à se sortir. La souffrance est d'autant plus aiguë que les symptômes décrits plus haut rappellent ceux d'une crise cardiaque !

Il est essentiel et bientraitant de rappeler que l'on ne meurt JAMAIS d'une attaque de panique ! Il n'est pas inutile non plus de rassurer tous ceux qui, ayant subi une telle attaque un jour, se gâchent une partie de l'existence en appréhendant la suivante, car ce n'est pas une fatalité : une crise n'augure pas systématiquement des crises futures.

Avant même d'entamer l'une des psychothérapies susceptibles d'aider à identifier le facteur déclenchant originel, l'individu peut, très efficacement, identifier ce qui, au contraire, lui fait habituellement du bien (chant, gymnastique, marche à pied, jardinage, musique, etc.) et s'astreindre à pratiquer quotidiennement cette salutaire activité pendant au moins un quart d'heure. De cette façon, en abaissant son taux de stress, il minimise considérablement les risques d'être sujet à de nouvelles crises.

Enfin, la psychothérapie va l'aider à comprendre le pourquoi de cette extrême émotivité, et le comment de ses crises, c'est-à-dire ce qui, en certaines circonstances, est vraiment le déclencheur. De cette façon, la psychothérapie va, par la suite, permettre à l'individu de gérer lui-même son quotidien, en évitant consciemment le ou les facteurs déclenchants, puis, peut-être, en les maîtrisant tout à fait.

L'HOSPITALISATION D'UN ADULTE

Parallèlement aux accidents provoqués par le monde extérieur, la vie d'un adulte est également soumise à ceux qui surviennent au sein de lui-même. Du rhume le plus anodin à la plus lourde des pathologies, l'individu se retrouve, pendant un temps plus ou moins long, pris en otage par le plus banal tortionnaire qui soit : la maladie. Et l'endroit où il est détenu s'appelle l'hôpital…

L'une des premières peurs ressenties par le patient qui doit subir une intervention chirurgicale est la perspective d'être endormi chimiquement et privé de tout contrôle personnel sur ce sommeil. Jusqu'à récemment, l'attitude bientraitante des intervenants hospitaliers consistait, tout en avertissant du risque que tout acte suppose, à minimiser ce risque par le biais des statistiques : « Bien sûr, le danger existe, mais il ne concerne qu'un infime pourcentage des patients. » Désormais, pour parer à l'éventualité d'un procès de plus en plus envisageable, le message est tout autre. Muni d'une décharge à signer avant l'intervention, le patient rentre chez lui et lit la très longue liste de tous les risques répertoriés. Tristement contraire à la bientraitance, le consentement éclairé a beau être une belle idée, elle présuppose que le patient soit psychologiquement prêt à être éclairé, justement. Or c'est très rare ! Il ne peut pas non plus se retourner vers son médecin traitant puisque, en adressant son patient à l'hôpital, celui-ci y a déplacé sa propre inquiétude concernant ce patient.

Lorsque son tour vient d'être hospitalisé, même un chirurgien se découvre aussi fragile et aussi anxieux que ses patients de la veille. Le cerveau rationnel a beau savoir que « c'est comme ça maintenant » et que, même sur le plus banal des médicaments, les contre-indications sont effrayantes, le cerveau émotionnel s'en trouve fortement ébranlé. De la séquelle bénigne à la mort brutale, tous les drames défilent devant ses yeux. Or, chacun d'entre nous a fait, au moins une fois, l'expérience de se reconnaître en parcourant trois pages prises au hasard dans le dictionnaire médical…

À qui en parler ? Au fur et à mesure que la technologie médicale accumule les prouesses, l'échange verbal devient peau de chagrin. Alors qu'on donne au patient l'excellence des soins, on lui vole le temps. Le temps de poser des questions, de s'informer vraiment, de réfléchir, de se préparer. Il arrive à l'hôpital accompagné seulement de son angoisse. La bientraitance s'accommode mal de l'urgence imposée, non par un état physique, mais par une nécessité économique. L'hôpital est soumis aux mêmes contraintes que toute entreprise : compression du personnel, réduction du temps de travail, etc. En conséquence, si la grande majorité des individus qui y travaillent sont là par vocation, s'ils sont compétents, ils n'ont guère le loisir de s'arrêter sur chaque patient comme ils le souhaiteraient. D'ailleurs, cette impossibilité d'être vraiment bientraitant – avec le sentiment de frustration qui s'ensuit – fait partie des revendications le plus souvent énoncées par le personnel hospitalier.

Il arrive que, sans être hospitalisé ni vraiment malade, on se sente parfois mal à l'aise dans son propre corps. Nous avons vu que c'était le cas lors du passage de l'enfance à l'adolescence ; c'est également le cas lors du passage de l'âge adulte à la plus grande maturité…

La ménopause

Différemment vécu, considéré et donc traité selon les femmes, ce moment de la vie correspond toujours à une pause. Bien ou mal préparé, par tout ce qu'il laisse supposer de funestes présages, ce passage naturel entre l'état de femme fécondable, donc de mère potentielle, et l'état de vieille dame est rarement bien vécu… En outre, il n'est pas suffisamment pris en compte par l'entourage : « Bah ! Laisse tomber, c'est ta ménopause qui te travaille… » Cette phrase assassine, généralement accompagnée d'un haussement d'épaules, met fin à tout dialogue constructif. « Tu n'as qu'à prendre des hormones et on sera tranquilles. » Pas si simple. En effet, la médication substitutive, censée garantir une harmonieuse imprégnation hormonale dans l'organisme, ne compense pas les deuils psychologiques que la femme doit faire seule. Deuil de sa vie de mère, puisque non seulement sa matrice devient inutile, mais ses enfants ont déjà quitté le foyer ou s'apprêtent à en partir. Deuil de sa vie de fille puisque la ménopause se déclenche au moment où nos parents, s'ils ne sont pas déjà morts, deviennent, eux, très vieux, donc fragiles et dépendants. Deuil de sa vie sociale puisqu'elle approche de l'âge de la retraite. Deuil aussi, trop souvent, de sa vie de femme puisque son conjoint, toujours fringant, suit son élan de reproducteur donc de séducteur.

On compare quelquefois cette transition à celle de l'adolescence… Mais si l'adolescente que la femme fut a souffert, la fameuse crise de puberté s'ouvrait alors sur une vraie perspective de vie à inventer. La ménopause s'ouvre sur une vie à terminer. Le verbe est dur. Les statistiques démontrent qu'il y a une vraie vie après la ménopause, qu'elle peut être longue et radieuse ; pourtant, l'anxiété générée par cette période transitoire en assombrit sensiblement les facultés d'espérance.

Bientraiter la femme au moment de la ménopause, c'est, encore et toujours, écouter, comprendre, ressentir, pressentir, imaginer, accompagner discrètement mais efficacement. C'est surtout la laisser verbaliser ses peurs et ses cauchemars sans succomber à la vaine tentation de rétorquer : « Mais non… Tu es encore très bien, je t'assure ! » La femme a besoin d'exprimer en détail ses appréhensions, même trop, jusqu'au moment où cette caricature d'elle-même suscite le coup de talon donné par son instinct de vie. Parallèlement à un éventuel traitement médical, seules la vigilance et l'écoute patiente peuvent lui éviter la dépression, toujours possible à ce moment de fragilité…

Se bientraiter soi-même aux abords de la ménopause, c'est veiller à garder inscrite ou à inscrire sa vie dans des rapports sociaux gratifiants et stimulants. Les possibilités sont très nombreuses : petit groupe de copines fidèles, activités sportives, artistiques, associatives, inscription en auditeur libre dans une université (pas forcément du troisième âge) pour suivre, enfin, les cours dont les aléas de la vie nous ont privées autrefois… Ces ouvertures sur l'extérieur ne s'arrêtent que lorsqu'on le souhaite, et non sous le couperet de la limite d'âge.

Aux femmes jeunes, le conseil le mieux traitant est de commencer dès à présent à préparer l'après jeunesse et de faire en sorte, à l'âge de la retraite, de n'être jamais… en retrait. À tous, femmes et hommes, la bientraitance suggère de ne pas céder à la résignation et à l'attente. Prévoir, projeter, apprendre, inventer, créer, partager ne sont pas des verbes réservés aux personnes jeunes. Si l'insouciance et l'inconséquence ne sont plus de mise, la vie demeure en soi et il appartient à chacun de la gâcher ou de la célébrer…

La vieillesse

Pour traiter de cette mise en retrait, voici une courte histoire :

« Dans un village lointain, un vieil homme écoute tristement son fils énoncer avec vigueur les raisons pour lesquelles il lui est désormais impossible de continuer à vivre sous le même toit : le vieil homme ne sert plus à grand-chose et le logement est exigu ; sa belle-fille et son petit-fils, qui grandit, ont besoin d'espace. Il ira donc vivre sans plus attendre dans la cabane au fond du jardin où son fils, dans sa grande bonté, viendra lui porter sa nourriture quotidienne.

– Mais, murmure le pauvre homme, il n'y a aucun chauffage dans la cabane ; je vais mourir de froid !

– J'ai pensé à tout, réplique le fils. Je te donne la grande couverture, ainsi tu ne risques rien.

Le vieillard saisit la couverture que lui tend son fils et, la tête basse, se dirige vers le fond du jardin.

Dans un coin de la pièce, le petit-fils, qui n'a rien perdu de la conversation, se tait. Puis, après un moment d'hésitation, il s'adresse à son père :

– Pourquoi lui as-tu donné la couverture entière ? Tu aurais dû ne lui en offrir que la moitié ! »

Le père est très surpris par la dureté de son fils :

– Tu exagères, gronde-t-il, ce n'est qu'une vieille couverture ! Et puis, que ferions-nous de l'autre moitié ?

– Je l'aurais gardée précieusement, réplique l'enfant, pour toi, quand tu seras vieux. »

Dans une excellente émission de télévision, étaient comparés les modes respectifs de fonctionnement de deux centres d'hébergement pour des personnes victimes de la maladie d'Alzheimer, donc très dépendantes. Le premier, en France, était un centre de soin comme on en voit beaucoup et même mieux veillant que la plupart. Chacun s'efforçait, en blouse blanche et sur du lino bien ciré, de « faire au mieux » pour ces mamies et ces papis, ainsi qu'on les appelle. Dans le second centre, canadien, une réflexion sur l'humain et le respect de l'autre avait amené l'équipe à un haut degré de recherche s'appliquant au moindre détail de la vie de tous dans cette institution, et ce, au même coût que dans l'institution française. C'est ainsi que la journaliste, interrogeant la responsable de nuit sur le fait qu'elle était vêtue d'un pyjama, se vit répondre avec douceur : « C'est la nuit, non ? En général, la nuit, tout le monde est en pyjama. Les personnes qui dorment ici sont facilement désorientées, et le fait que je suis tout comme elles en pyjama les aide à trouver leurs repères. » Même très tard dans la vie, la bientraitance est un dû autant qu'un devoir.

Perceptible tout au long du reportage dans la plupart des actes, la bientraitance y était traitée non comme un simple concept mais comme un mode de fonctionnement tout à fait naturel. La plus simple ou la plus sophistiquée de nos actions peut être bientraitante si elle est emprunte de bon sens, de respect et de cœur. Or, ces trois joyaux sont à la disposition de chacun ; il suffit, pour en disposer, de le vouloir vraiment, d'écouter ce dont l'autre a besoin. Le secret ? Toujours le même : tenter de se mettre à la place de l'autre, en tenant compte de ce qu'il vit et en lui permettant d'utiliser toutes ses compétences, car même très amoindri, il en a.

La transmission du vécu d'un traumatisme aux générations suivantes

Les victimes d'un traumatisme aussi abominable que le camp de concentration, le viol ou l'inceste ont du mal à simplement exister. La crainte d'ennuyer l'entourage par l'évocation des maltraitances subies autrefois peut inciter certains à se taire. La peur de répandre sur les autres l'anxiété qui ne les a plus quittés pousse d'autres non seulement à se taire, mais à se murer mentalement. D'autres encore racontent indéfiniment, en partie poussés par le besoin de se faire connaître et accepter, en partie poussés par le désir d'avertir les plus jeunes, de les protéger par anticipation. Qu'ils choisissent de se taire ou de parler, tous ces anciens maltraités sont animés par des sentiments que l'on qualifie volontiers de bientraitants : pudeur, altruisme, pédagogie, vigilance… rien de nuisible dans ces mots-là ! Et pourtant…

À l'ancienne prisonnière de Dachau devenue silencieuse, à l'ex-otage humilié qui affiche ostensiblement une bonne humeur chronique, leurs enfants pourraient dire : « Vous ne parlez pas mais nous sentons en vous quelque chose d'indicible qui provoque en nous une angoisse d'autant plus lourde que nous ne pouvons pas la nommer. Si seulement vous aviez confiance en ce que nous sommes, en ce que vous nous avez inculqué, vous nous raconteriez… Nous en serions bouleversés, terrifiés rétrospectivement, mais nous n'aurions plus peur de notre vie à nous. »

À l'ancienne victime d'un père alcoolique devenue militante antialcoolique, à l'ex-médecin militaire chargé de « réparer » les dégâts anatomiques et psychologiques causés par les soldats violeurs et les poseurs de mines, devenus ensuite antimilitaristes et défenseurs des droits de l'enfant, leurs enfants voudraient dire : « Vous en parlez trop, tout le temps, mais pas de l'essentiel. Au lieu de nous raconter qui vous êtes, vous nous écrasez sous le poids de souvenirs qui ne seront jamais les nôtres. Vous croyez nous mettre en garde contre les horreurs que vous avez vécues, mais, en réalité, vos expériences sont nos cauchemars. »

Ils pourraient et voudraient dire tant de choses, les enfants concernés ! Or, la plupart ne disent rien. Que leurs parents aient opté pour le mutisme ou la logorrhée, les enfants n'osent généralement pas les inciter à parler plus ou à parler mieux. Au contraire, devinant la gravité et la profondeur des traumatismes parentaux, pressentant que la douleur et la terreur sont là, tout près, les enfants protègent leurs parents blessés de tout « faux mouvement » verbal susceptible de réveiller leurs blessures, de les ramener en arrière, dans le temps traumatique. Les traumatismes subis par les parents ont, malgré leurs précautions mutiques ou oratoires, des conséquences malheureuses sur leurs enfants. Entre autres conséquences, se trouve le sentiment d'insécurité : en effet, comment transmettre aux enfants la sécurité de la protection qui leur est due alors que leurs parents n'ont pas été en mesure de le faire pour eux-mêmes ? Et puis il y a le mépris possible pour des parents courbés sous la honte d'avoir été traités comme des chiens par leurs tortionnaires, et de s'être donc eux-mêmes conduits comme des chiens.

Un parent gravement traumatisé est, en quelque sorte, coupé en deux : une partie de lui-même est vivante ou survivante, tandis que l'autre partie est morte. Ses enfants s'accrocheront à la partie vivante ou à la partie morte selon leur caractère et leur vécu respectifs. C'est souvent d'abord par la révolte ou la fuite que les enfants tentent de se dégager du trop-plein d'une histoire qui n'est pas la leur. Cependant, curieux à juste titre, puisque l'histoire de leurs parents est bien aussi la leur, beaucoup d'entre eux enquêtent à l'insu du ou des parents meurtris. À mesure que les pièces du puzzle retrouvent leur place sur la trame du temps, les enfants progressent vers une meilleure connaissance de leurs parents, donc d'eux-mêmes. Les traumatismes parentaux deviennent un pan d'histoire familiale auquel les enfants peuvent participer, une sorte d'héritage qu'ils peuvent enfin partager. Le passé dramatique peut désormais être sublimé selon le tempérament de chacun des enfants : celui-ci y puisera de quoi nourrir son don musical ; celle-là transposera la saga familiale en épisodes télévisés, tandis que d'autres distribueront les antidotes préventifs du malheur : l'audace, l'humour, la joie, etc. Ainsi, les maltraitances subies par les uns se transmuteront en bientraitances actives au bénéfice de tous. Et la bientraitance ne s'arrêtera pas là…

Généralement, l'histoire du traumatisé sera mieux comprise plus tard, par la troisième génération. Vingt ou trente années ont contribué à apaiser les douleurs du traumatisme, à en aplanir les cicatrices. La communication pourrait désormais se faire entre les parents traumatisés et leurs enfants, mais ceux-ci, nés d'un ou de parents abîmés par l'existence, ont grandi en compagnie de ces blessures, ont mûri, et se sont finalement construits comme ils ont pu, malgré ET grâce aux silences ou aux « radotages » de leurs parents. Ayant inauguré leur vie d'adulte, les confessions enfin possibles de leurs parents n'ont plus la même importance pour eux ; c'est déjà trop tard. En revanche, grâce à la distance creusée par le temps et la moindre responsabilité des grands-parents envers eux, les petits-enfants sauront questionner sans gêne – puisqu'ils sont moins directement concernés –, donc obtenir des réponses d'abord moins embarrassées puis débarrassées des complexes d'antan. Ces enfants-ci sauront considérer et admirer ce survivant, entre autres pour avoir survécu, ce qui dédouanera ceux, parmi les traumatisés, qui ont survécu à un drame où d'autres ont péri. Et puis, les petits-enfants en redemanderont sans cesse à ces grands-parents capables de leur raconter une sacrée histoire... plusieurs fois de suite. C'est ainsi que les petits, en toute candeur, mettront en place les conditions idéales de réparation où, ravis d'être écoutés, les grands-parents suivront, à l'insu de tous, une formidable thérapie bientraitante !

Autant d'arguments qui s'élèvent contre toutes les tentatives de négationnisme...

Huitième partie

La bientraitance : pourquoi ? comment ?

La bientraitance, pourquoi ?

Qu'avons-nous à y gagner ?

Nous avons tout à gagner en optant pour la bientraitance puisque, après les mystérieux hasards et nécessités qui agitent la Terre, sa pratique autorise, respecte, organise et optimise la perpétuation de la vie. Ce n'est pas rien, quand même !

L'éducation et la transmission s'effectuant avant tout par l'exemple, un enfant bien traité sera très probablement un adulte bien traitant, c'est-à-dire un humain mieux à même de protéger et de perpétuer plus de vie et dans de meilleures conditions. Plus nombreux sont les enfants à être bien traités aujourd'hui, plus nombreux seront les adultes de demain à instaurer la bientraitance autour d'eux, et plus vite la bientraitance deviendra ou redeviendra un comportement naturel adopté par l'humanité en général, pour le plus grand bien de tous, donc de chacun. On n'y est pas, mais ça viendra !

Pour protéger et respecter les autres, l'individu doit avoir d'abord envie de se protéger lui-même, c'est-à-dire être confiant dans sa raison d'être vivant. Cette envie se matérialise et le dynamise jusqu'à ce que l'individu recherche activement le bien-être, le développement psycho-affectif de ses enfants et de ses parents. Enfants et parents réels et virtuels : par « enfants », on comprend tous les êtres vivants qui sont sous sa responsabilité directe (enfants, élèves, employés etc.) et, par extension, sous sa responsabilité indirecte (enfants rencontrés, anonymes en difficulté, collègues fragilisés, etc.). De la même façon, par « parents », on comprend tous les êtres vivants grâce auxquels l'individu a pu naître et devenir (père, mère, employeurs, humains plus âgés). Alors, et alors seulement, l'individu devient partie prenante donc bientraitant. Un adulte acquis aujourd'hui à cette idée, et qui consent à en exposer les avantages autour de lui, peut à lui seul soulager bien des détresses inutiles puisque la bientraitance est en nous et qu'elle ne demande qu'à être réveillée et stimulée à nouveau. Cela représente ainsi des millions d'individus qui, par leur nombre et par leur exemple, découragent ceux qui seraient encore tentés d'ignorer le bénéfice qu'ils pourraient tirer d'un comportement bienveillant envers eux-mêmes et autrui. Est-il utopique, en matière de bientraitance, de croire à l'effet papillon, le phénomène de transmission des ondes dans l'atmosphère, illustré par cette croyance selon laquelle un papillon qui agite ses ailes en Thaïlande peut provoquer un séisme en Amérique ?

Que risque-t-on à n'être pas bientraitant ?

Après tout, si la maltraitance est condamnable légalement, il n'en va pas de même pour l'indifférence ou, au moins, pour l'absence d'intérêt affectif et intellectuel qui ne sont pas de mauvaises actions, seulement des non-actions. Pourtant, cette indifférence non agissante devient, dans certains cas, une non-assistance à personne en danger, donc une faute grave et punissable. Plus discrète mais pernicieuse aussi, la non-action génère, au sein de l'individu, une sourde insatisfaction. La preuve en est celui qui tourne le dos à ce que la vie propose d'aventures quotidiennes : « Moi, je ne veux pas d'histoire ; je n'ai rien vu, rien entendu ! » ; et ce même patient qui, chez ses amis ou son analyste, se lamente : « Moi, il ne m'arrive jamais rien ; ce n'est pas juste... » On risque donc, surtout, de traverser l'existence sans grande joie, sans fierté et sans panache, ce qui est beaucoup plus pénalisant, finalement, qu'une punition extérieure.

La bientraitance, comment ?

Chercher n'est pas systématiquement le corollaire de trouver, encore moins de trouver ce que, précisément, l'on cherche ; d'ailleurs, si la profession de chercheur est reconnue, celle de trouveur n'existe pas. Inventeur, ça oui ! Une entreprise, qu'il s'agisse de l'état, d'une multinationale ou d'un artisan, doit, pour survivre, innover. C'est comme ça. L'insatisfaction individuelle et l'insatisfaction générale exigent et obtiennent la réalisation de rêves toujours plus nouveaux. Chacun « le vaut bien », chacun « a droit à tout et tout de suite ». L'objet de ce livre n'est pas de démonter les rouages de ce leurre universel, mais d'en désigner quelques effets néfastes. Particulièrement, l'importance des verbes « avoir » et « accumuler ».

Rester vigilant

De Spinoza à Alain Souchon, beaucoup d'esprits éclairés tentent de nous alerter ; ils nous hurlent « Attention ! ». En vain. Donc, demeurer vigilant, ce n'est pas seulement rire avec Coluche lorsqu'il raconte la lessive qui lave plus blanc, c'est avant tout ne pas croire que plus blanc que blanc, ça existe. Ou, s'il en était du plus blanc comme de l'infrarouge, se dire que plus blanc ne sert à rien, vu que nos yeux d'humains ne voient pas la différence. Demeurer vigilant, c'est aussi analyser ce que l'on nous incite à applaudir, à acheter, à croire… Par exemple : « Est-ce que, vraiment, je le vaux bien ? » « Est-ce que je mérite ce qui, interdit hier, est possible aujourd'hui ? » Ces questions, retournées, ne sont pas simples. D'abord, elles nous font dresser les poils au lieu de nous les caresser dans le bon sens. « Comment ça, est-ce que je le mérite ?! Bien sûr que je mérite ce qu'il y a de mieux ! Et bien sûr que, pour mes enfants, j'exige le mieux ! » Et, pour peu que ce mieux-là soit l'outil nécessaire pour parfaire l'action d'un individu et, en conséquence, pour parfaire l'individu lui-même, alors oui à tout ce mieux ! Or, dans ce que le progrès propose, certaines innovations ont beau être désopilantes, elles n'en demeurent pas moins discutables !

La science, qui sait tout mais qui ne voit rien venir quand elle s'emmêle dans les ficelles de la finance, continue à nous gâter en trouvailles désopilantes comme la sonorisation de plus en plus subtile des supermarchés dans le but de nous faire rêver à des nouilles alors que nous sommes venus chercher du dentifrice. Comment ne pas s'extasier sur la centrale de télévision sans fil qui permet de suspendre un écran dans chaque pièce, dans le but inavoué de nous hypnotiser et de nous passer l'envie d'entendre ce que l'autre aurait aimé nous dire ?

Pour être tout à fait honnête, le portable est pour moi un outil de bientraitance considérable qui me permet de mettre immédiatement un terme à mon angoisse « légitime » de mère quand ma fille est en retard… Chaque innovation est créée sous l'impulsion d'un nouveau besoin ; nous en sommes donc presque tous les premiers concepteurs. Et, comme chaque nouvelle invention, le téléphone portable en lui-même possède son ratio de qualités et de défauts. Mais c'est avant tout l'usage que l'on en fait qui peut le transformer en merveilleux outil de sauvegarde ou en pernicieux moyen d'altération cérébrale…

Je ne résiste pas à l'envie de vous raconter cette scène dans un supermarché. Une jeune fille regarde son téléphone portable avec chagrin et lui susurre d'une voix éraillée par l'émotion : « Sonne, petit téléphone, je t'en prie, sonne ! » Cette toute jeune fille avait acheté la machine mais elle n'avait pas obtenu l'humain qui devait aller au bout !

Et puis, mettons-nous à la place des multinationales : si nous passions notre temps à écouter notre prochain, ni nous ni ce prochain n'achèterions plus rien ! Pire : l'humain moderne recommencerait à avoir des idées et à les mettre en pratique. En réponse à toute brimade, l'humain se gave de ce dont, justement, on tente de le priver. Religions, sectes, paranormal : tout est bon pour se venger d'une science inhibant le rêve.

Est-il besoin de vous en infliger plus pour vous convaincre que toute attitude apaisante, bienveillante et encourageante sera désormais la bienvenue ? Que c'est urgent ? Que pour en faciliter l'émergence, il faut commencer par distinguer en nous-même et en nos proches la bonté vraie de la caresse égotique, et l'altruisme empathique de l'exhibitionnisme ? Allons-y !

Chacun se CROIT impuissant, or chacun de nous détient le pouvoir, la puissance, et si tous ces chacuns acceptent de laisser un peu d'ego de côté au profit du bon sens bienveillant, le paradis terrestre redevient une hypothèse envisageable. Humble et orgueilleux, si chacun peut, chacun doit. La confiante espérance est déjà une bientraitance.

Entendre vraiment pour comprendre peut-être

Entendre n'est pas toujours écouter… Très récemment, avant la Première Guerre mondiale, les enfants n'avaient guère d'importance qu'en fonction de ce qu'ils apportaient tout de suite ou rapporteraient plus tard (l'argent gagné en travaillant dans les fermes, la promesse d'une dot, etc.). Françoise Dolto et le Dr Brazelton n'étaient alors que des balbutiements dans l'éther. On sait maintenant que le bébé est une personne, que la violence n'est en aucun cas un moyen d'éducation puisqu'elle finit toujours par se retourner contre celui qui l'enseigne, et qu'un regard empathique fera plus qu'un discours politique vide d'affect.

Chacun peut (donc doit !) se comporter un peu à la façon d'un psychanalyste, c'est-à-dire être pour l'autre en souffrance le mur contre lequel il envoie ses balles en toute impunité. Balles de mots, de silences, de gestes ou de repli, peu importe, du moment qu'en face, il y a quelqu'un qui ne s'offusque de rien, ne s'indigne de rien et, surtout, ne s'empare de rien. Quelqu'un qui sait entendre et attendre. Attendre que la souffrance, enfin exprimée, ayant épuisé son stock de contradictions, soit prête à dire : « Aide-moi. » D'accord, pas tout le temps ni en toutes circonstances – nous ne sommes pas tous sœur Emmanuelle ou le dalaï-lama –, mais juste un peu, assez pour qu'une expérience concluante nous donne envie de recommencer encore et encore.

Répondre vraiment aux questions

Il faut toujours donner des réponses simples et vraies, quels que soient l'âge et la fonction de l'individu qui interroge, car il ne prend de la réponse que ce qu'il est prêt à comprendre. Et, si l'on n'est pas en mesure de renseigner, il faut accepter de faire grandir l'autre et de grandir soi-même en répondant simplement et vraiment : « Je ne sais pas. »

Au commencement était le verbe ? Le sujet ne va plus tarder…

Si l'humain a été doté des facultés cérébrales et anatomiques d'émettre des sons articulés et signifiants, et, en plus, des facultés cérébrales et anatomiques d'entendre des sons articulés et d'en comprendre le sens, ce n'est sans doute pas l'effet d'une erreur de manipulation. Tout ce qui est nommé prend place dans le réel.

Nommer ce qui freinait l'élan heureux de sa vie, c'est déjà se nommer différemment pour maintenant et plus tard : j'étais celui qui souffrait par peur de n'être pas aimé ; je suis celui qui a vaincu cette souffrance et qui, en gagnant le droit au bonheur, gagne en plus celui de contempler le bonheur des autres.

Puisque regarder la vérité en face et la nommer semble plutôt bien réussir, appliquons le même principe à nos proches. Lorsque nous donnons aux enfants des réponses simples et vraies, il n'y a pas lieu de s'inquiéter du dosage de l'information puisque leur cerveau ne s'encombre que de ce qui leur est utile dans l'instant. Appliquée aux adultes, la même méthode donne les mêmes résultats !

POURQUOI LA BIENTRAITANCE PEUT NE PAS MARCHER

Parce qu'il ne s'agit pas toujours… d'agir !

Il ne s'agit pas seulement de bien agir, il s'agit d'apprendre à n'agir ni trop ni trop vite. « Il ne suffit pas d'avoir des vertus, il faut aussi savoir les perdre », a écrit Montesquieu dans *De l'esprit des lois*[1].

1. Montesquieu, *De l'esprit des lois* (1748), GF-Flammarion, 1990.

Ne pas agir avec ses tripes, ne pas agir sous l'impulsion naturellement généreuse, sous peine de se substituer aux réponses que l'autre détient. Ne pas agir avant que l'autre en ait fait une demande explicite. C'est sans doute la chose la plus difficile du monde ; n'a-t-on pas coutume de s'enquérir : « Que puis-je "faire" pour vous ? » « Faire » est un verbe actif qui légitime notre existence. Ne pas faire a un avant-goût de ne pas être en vie...

Il est très difficile de moraliser les premiers mouvements instinctifs de protection. La bonne volonté, par exemple, peut dicter une conduite finalement négative, au point de devenir de la mauvaise bonne volonté, c'est-à-dire de s'approprier l'autre en s'appropriant ses souffrances. Face à un malaise énoncé ou supposé, sans un minimum d'éducation au processus de bientraitance, la tentation est grande de s'approprier l'autre en s'appropriant sa souffrance. Cette pulsion est inconsciente mais terrifiante puisqu'elle peut mener à la maltraitance en toute bonne foi.

Quand l'harmonie devient un allergène

À l'instar du héros du livre *Les Chants de Maldoror* d'Isidore Ducasse, comte de Lautréamont, certains ressentent la cruauté et la douleur comme d'autres se réjouissent de la paix et de la joie. Un certain nombre d'individus sur la Terre, héritiers de parents maltraités, maltraités eux-mêmes, interdisent aux autres ce dont ils ont été privés, ou restent dans une complète ignorance du bien-être autant que du mal-être puisqu'ils n'ont pas de références comparatives. Plus encore : à l'image du poussin qui reconnaîtra comme sa mère le premier objet en contact avec lui (gant du soigneur, chien de la maison, etc.), les individus qui n'ont eu de contacts parentaux qu'à travers des violences verbales et physiques auront tendance à manifester leur attachement par ces mêmes coups et verbes violents.

À ce stade, peut-on encore parler d'amour ? Enfouie de longues années, inexpliquée, non reconnue, si elle n'a pas rencontré sur son chemin un quelconque bientraitant, l'enfant maltraité, devenu adulte, pourra maltraiter à son tour, quasiment à son insu – et ce, d'autant plus inconsciemment que notre cerveau possède l'étonnante capacité de justifier nos actes même les plus répréhensibles par ce qu'il est convenu d'appeler les circonstances atténuantes !

La surdité affective et sociale

Hors une pathologie mentale sérieuse, l'incapacité d'écoute fait souvent suite à une enfance non entendue. Qu'il s'agisse d'anciens enfants battus ou d'anciens jeunes gens confrontés à l'horreur de la guerre, ces adultes n'ont pas pu en parler et leurs enfants devinent que quelque chose d'indicible s'est passé. Les enfants perçoivent confusément que leurs parents se sentent incapables de les protéger, alors même que le discours parental est obstinément : « Là, tout va bien, nous sommes là. » Leitmotiv mensonger, inacceptable et, forcément, non accepté.

Dans le meilleur des cas, les enfants de ces parents bien entendants mais sourds vont chercher ailleurs l'écoute dont ils ont besoin, dans leur famille, dans la famille d'un copain ou auprès d'un enseignant.

Dans le pire des cas, ces mêmes enfants considérés comme non intéressants se désintéresseront d'eux-mêmes et se recroquevilleront dans une forme d'autisme. Ils sont la proie rêvée des sectes ou du suicide.

La bientraitance thérapeutique

Lorsqu'on « n'y arrive pas tout seul » et que l'on a grand besoin d'aide, le recours à la « psy » sous toutes ses formes peut être hautement bientraitant, à la condition expresse toutefois d'avoir le sentiment d'être bien traité par le thérapeute. Il est indispensable d'être en confiance avec la personne supposée vous aider à passer des moments douloureux de votre vie et à laquelle vous allez confier le plus intime de vous-même. La première rencontre n'est pas forcé ment la bonne, que ce soit sur la forme – personnalités antagonistes ou techniques mal adaptées aux besoins du consultant – ou sur le fond... Reconnaissons qu'il en va des thérapeutes comme du reste de l'humanité ; pour rares qu'ils soient, certains ne sont ni bientraitants ni compétents. En cas de malaise, laissez là le « supposé savoir » du thérapeute et changez-en !

La psychanalyse

La psychanalyse part du principe selon lequel le mal-être d'aujourd'hui est dû à un traumatisme d'hier ou d'avant-hier, qui a été vécu puis refoulé dans l'inconscient. Ce stockage s'effectue sous la forme d'une mémoire close à laquelle la seule volonté consciente n'a pas accès. D'une part parce que le souvenir est lié à de l'insupportable, d'autre part parce que le cerveau évite les faux mouvements mnésiques. Sans doute est-ce le même processus d'évitement qui nous fait nous mouvoir différemment lorsqu'une vertèbre est douloureuse, au point que la douleur semble avoir disparu alors que, simplement, notre corps nous dicte d'autres mouvements.

« Puisqu'on n'a plus mal, qu'on ne s'en souvient même pas, est-ce bien la peine d'aller remuer le linge sale de la mémoire ? » Pas obligatoirement, sauf si, dans la vie présente, on souffre de situations vécues à chaque fois comme des mises en échec. Dans ce cas, il y a fort à parier que c'est le « moi » d'autrefois qui continue à gouverner celui d'aujourd'hui. Parmi les individus qui se plaignent tout le temps, qui ratent systématiquement ce qu'ils entreprennent, qui semblent inaptes au bonheur, nombre d'entre eux sont, en réalité, téléguidés par un petit môme caché tout au fond d'eux. Ce petit môme qu'ils furent autrefois continue obstinément à leur assener une simple réflexion maladroite : « Celui-ci ne fera jamais rien de bon ! Il rate tout ce qu'il fait… » La force de cette phrase est d'avoir été prononcée par une personne affectivement importante, toute-puissante – par exemple le père, le grand-père ou l'instituteur de cet ex-enfant. Et, à cause de l'influence exercée à l'époque par cette personne, le petit môme continue à vouloir lui donner raison en ne faisant rien de bon, en ratant tout. La psychanalyse, c'est peut-être ne comprendre que ça, mais c'est ça… magistralement !

On dit que ça fait mal de fouiller ce passé enfoui… alors, est-ce vraiment aussi bientraitant qu'on le dit ? Assurément oui, à condition que l'indication ait été bien posée, que le psychanalyste soit compétent, que l'individu soit prêt, etc. Pour ce qui est de la douleur, elle équivaut à celle que provoque la pince à épiler sur la chair du doigt quand une écharde s'y est insinuée… C'est au choix : la pince douloureuse pour le soulagement qui s'ensuivra, ou pas de pince mais… pas de soulagement.

Et pourquoi le divan ? Pourquoi le psychanalyste se tient-il caché derrière nous ? Le divan est là pour que le corps ne soit pas un obstacle inconfortable entre la vieille mémoire et la fraîche conscience. Quant au psychanalyste, il ne se cache pas ; il se soustrait à votre regard pour ne pas gêner l'émergence des images que votre mémoire fait remonter. L'analyste étudie les rêves que vous racontez ; ils sont à la fois les messages reçus depuis l'inconscient et les accès directs à cet inconscient. Le travail sur les associations d'idées, sur les actes manqués et sur les lapsus permet lui aussi d'entrer en contact avec la mémoire enfouie. Pendant que votre cerveau fournit ce travail considérable de faire affleurer la matière inconsciente, il est souhaitable que vos yeux, s'ils sont ouverts, se posent sur tel ou tel objet sans importance plutôt que sur un autre regard.

Et pour le prix ? Pourquoi faut-il payer même quand on ne vient pas au rendez-vous prévu ? Quel que soit le prix qui sera convenu au moment de la première prise de rendez-vous, il fera partie d'un contrat moral entre le patient et le psychanalyste. Quant au règlement des séances n'ayant pas eu lieu, il s'inscrit dans la continuité du travail mental qui, de toute façon, s'effectue en soi. Justifiée ou non, l'absence du patient est reliée à un refus inconscient du travail mental à fournir ; le cerveau et le cœur rechignent à aller plus loin dans l'expérience douloureuse que représente l'exhumation des souvenirs pénibles. Payer quand même, c'est soutenir le rythme du travail qui, une fois commencé, doit continuer, que ce soit volontairement sur le divan du psychanalyste ou involontairement ailleurs. Cependant, ce fonctionnement peut ne pas convenir à tout le monde. Enfin, l'argent symbolise l'envie de payer de sa personne et l'envie de se sentir libre envers l'écouteur, c'est-à-dire non redevable.

Cela demande une telle énergie physique et psychique qu'il est hélas assez rare de consulter un psychanalyste dans le but de mieux se connaître soi-même, de mieux se comprendre, de se prévoir, de se gérer, d'optimiser ses aptitudes… bref, de se bientraiter fondamentalement.

La psychothérapie des enfants

Deux éléments majeurs distinguent la psychothérapie des enfants de celle des adultes. Le premier, c'est que l'enfant n'est pas demandeur ; ce sont les adultes responsables de lui qui effectuent la démarche. Le second, c'est que l'enfant n'utilise pas le langage de la même façon que l'adulte. Pour entrer en contact avec le traumatisme que, consciemment ou non, l'enfant masque, le psychothérapeute fait appel à des subterfuges. Entre autres subterfuges, le psy propose à l'enfant de dessiner, de jouer avec des poupées et de les faire parler à la place des intervenants du traumatisme, ou de choisir tel autre jeu susceptible de servir de support à la confidence non verbale de l'enfant.

La psychothérapie est utile et nécessaire chaque fois que l'on devine l'enfant en souffrance, quel que soit le domaine où s'exprime cette souffrance que l'entourage affectif ne parvient pas à débloquer.

Le recours à la psychiatrie est réservé aux enfants dont la souffrance nécessite d'être traitée de manière médicalisée.

La psychothérapie familiale

Quand, dans une famille, l'un des membres manifeste des troubles psychologiques, il arrive qu'il ne soit pas le malade mais le porteur d'une symptomatologie familiale. Il semble être le bouc émissaire involontaire de celui ou de ceux qui sont auteurs ou vecteurs du malaise. Il est comme obligé d'aller mal pour éviter qu'un autre aille plus mal encore. C'est grâce à ce membre porteur que la famille se maintient dans une sorte d'équilibre pathologique. C'est cet ordre éphémère, stable mais empoisonné, que le psychothérapeute va faire éclater à la manière d'un joueur de billard : un coup de queue dans l'une des boules du triangle va mettre en mouvement toutes les autres. Lorsque tous les membres de la famille en souffrance sont ainsi bousculés, mobilisés, alors le psychothérapeute peut chercher, avec chacun, l'origine vraie du malaise. En modifiant l'attitude de certains d'entre eux, la thérapie va entraîner des modifications chez les autres. L'histoire familiale, qui se trouvait résumée, ramassée dans un seul membre, va apparaître petit à petit et, enfin, être comprise par tous donc traitée par chacun et finalement résolue.

La thérapie interactionnelle

Cette thérapie concerne essentiellement tout ce qui relie entre elles des forces qui s'affrontent. Une épouse et son mari, un employé et son employeur, un frère et une sœur, deux associés, etc. Entre eux, la communication se résume à un ensemble de mêmes questions suivies invariablement des mêmes réponses. Ils fonctionnent en boucle. Ce sont des pulsions qui nous poussent à faire toujours plus une certaine chose, même lorsque nous savons pertinemment que cela nous fait souffrir. Cette thérapie du changement immédiat vise à rompre un système d'enfermement morbide que nous entretenons et nourrissons à notre insu ; elle considère le patient comme quelqu'un qui s'est adapté à un contexte de vie perturbé et l'aide à changer de contexte.

Pour entrer dans ce système, l'éclater puis induire des changements significatifs en chacun des deux protagonistes, le thérapeute va trouver à leur intention ce qu'il est convenu d'appeler une réponse paradoxale : elle va aider à mettre fin à toutes les tentatives qui jusque-là n'ont apporté aucune solution. Le récit qui va suivre illustre parfaitement cette méthode.

Enfermés depuis de longs mois dans leur citadelle assiégée, les habitants virent arriver le jour où ils eurent épuisé toutes leurs réserves de nourriture. Ne restait, pour toute cette population, qu'un seul et unique mouton. Qu'en faire ? Le partager entre tous, que chacun ait la chance d'en savourer une bouchée ? Ou le réserver pour leurs dirigeants, dans l'espoir que cette dernière nourriture les aide à trouver enfin la solution pour sortir de cet enfermement ?

Quelqu'un prit la décision inattendue de jeter le mouton par-dessus le rempart... à la stupéfaction des assiégeants : « Ils n'ont reçu aucunes victuailles depuis le début du siège, et voilà qu'ils jettent un mouton ! Ont-ils donc de quoi se nourrir encore longtemps ? ! » Dégoûtés, découragés par la perspective de devoir attendre trop longtemps avant de réduire cette population à la reddition de survie, ils levèrent le siège.

Le psychothérapeute est celui qui décide de jeter le mouton (la réponse paradoxale) pour faire sortir la population (le couple consultant) du cercle vicieux (la citadelle close) afin de provoquer l'animation désordonnée des habitants de la citadelle (bousculer les habitudes morbides des deux protagonistes). Le bouleversement entraîne de nouvelles façons d'envisager l'existence. Les consultants, enfin débarrassés de leur conditionnement consenti et entretenu, peuvent enfin inventer une autre manière de s'adresser l'un à l'autre et, à long terme, de veiller à ne pas se laisser à nouveau enfermer par eux-mêmes. Cette thérapie brève peut être copiée dans de si nombreuses occasions qu'elle mériterait presque d'être rebaptisée « la bientraitanthérapie » !

La thérapie comportementale

C'est la thérapie du désapprentissage. Les émotions, donc les réactions émotionnelles, sont liées à un apprentissage conditionné dans le passé, proche ou lointain, par un épisode traumatique. Si ces émotions/réactions se révèlent encombrantes ou invalidantes (phobies, crises de panique irraisonnées, etc.) dans la vie présente, le thérapeute va aider le consultant à désapprendre le traumatisme pour se libérer des réactions qui y sont reliées. En fonction de l'objet, le sujet est mis en présence – virtuelle ou réelle – de l'objet traumatique, de plus en plus longtemps et à distance de plus en plus courte jusqu'à ce que l'habitude ainsi acquise dédramatise l'objet, donc diminue le stress. L'individu peut alors enfin dominer l'objet et ne plus en être le sujet soumis.

L'hypnose

L'hypnose est un état modifié de la conscience qui permet d'accéder très rapidement à l'inconscient. Cet état est obtenu par l'intermédiaire de suggestions posées par l'hypnotiseur. L'hypnose a été expérimentée au XIXe siècle par un dentiste comme méthode anesthésique. C'est dans la seconde moitié du XXe siècle que cette technique a commencé à être explorée et exploitée par les psychanalystes. Grâce à elle, Charcot et Freud ont pu mettre en évidence l'origine psychique de maladies jusque-là considérées comme d'origine physique et anatomique. Par exemple, les paralysies hystériques : certains paralysés, une fois mis sous hypnose, se montraient capables de mouvoir et diriger parfaitement la partie de leur corps qui s'y refusait juste avant.

À condition de choisir un praticien spécialiste en psychothérapie qui a reçu une sérieuse formation à l'hypnose thérapeutique, on peut opter pour l'hypnose en différentes circonstances. Le patient peut exprimer un désir précis comme, par exemple, s'arrêter de fumer, de boire, inhiber ses pulsions boulimiques, ses achats compulsifs, etc. La suggestion induite par l'hypnotiseur dans l'inconscient du patient va s'opposer aux actes quotidiennement nocifs en y superposant une sensation désagréable, par exemple. Dans d'autres cas, plus complexes, le patient a tenté, avec l'aide d'autres thérapies, de forcer les serrures de son inconscient mais en pure perte. L'hypnose, dans ce cas, peut être d'une grande aide.

Et la parapsychologie ?

De part et d'autre du guéridon posé dans le cabinet de consultation, il y a le besoin irrépressible d'être bien considéré tout de suite. Le devin a envie d'être un peu le sauveur, tandis que le consultant a envie d'être réhabilité. C'est la tentation d'apporter une réponse à une question pas encore énoncée, pour avoir, un instant, de l'importance, pour prendre le pouvoir sur la peur exprimée par l'autre, et par là même le pouvoir sur sa propre peur.

Toutes les classes sociales sont concernées ; depuis nos plus hauts dirigeants jusqu'au plus obscur manœuvre, une grande part de la population adulte ont consulté ou consulteront un devin. Quant aux autres… ils haussent les épaules et toisent les crédules d'un air narquois tout en lisant leur horoscope dans le journal… et, à leur esprit défendant, se laissent impressionner par la perspective annoncée.

Notre société inquiète a besoin d'outils qui la rassurent. L'anxiété est mère de l'anticipation systématique : « Est-ce que je serai promu contrôleur dans deux mois ? » « L'année prochaine, quittera-t-il sa femme pour moi ? » « Aurai-je un enfant avant mes quarante ans ? » Cette anxiété n'épargne personne. Les individus malades, qui ont toutes les raisons d'être inquiets, prêtent au soignant un pouvoir démesuré. Le professeur du service de cancérologie fait figure de pythie : « Il a lu mes résultats sans froncer le sourcil, c'est sûrement bon signe. » Et le médicament, même placebo, en apportant une forme de réponse positive au mal, stimule les fonctions d'autoguérison. Et puis, il y a l'immense satisfaction d'être, un instant, une personne unique au monde ! La voyante ou le docteur ont prononcé la formule magique : « Une personne comme vous est capable de… » Cette simple phrase est immédiatement traduite par : « Il (elle) s'est souvenu(e) de moi ; je ne suis pas un(e) client(e) (patient[e]) banal(e). Sûr que je vais y arriver ! » Hélas, ce pouvoir de persuasion est parfois utilisé à revers ; des individus mal intentionnés peuvent, avec la même facilité, réduire l'individu à l'état de servage. C'est la technique employée par les prédicateurs des sectes, les charlatans (qu'ils soient prophètes de banlieue ou vendeurs d'appareils électroménagers).

Donc, tout instrument « voyant » qui permet de mettre en place un dispositif rassurant est miraculeux. Que l'instrument en question soit Mme Irma devant son consultant, le parent devant son enfant, le patron devant ses employés, l'homme politique devant ses électeurs ou un thérapeute devant son patient, la tentation est grande, pour chacun d'eux, d'apporter tout de suite une réponse confortable, rassurante et dynamisante… À raison et à tort. À tort lorsque, face au consultant, il y a un charlatan. À raison parfois…

Nous, les humains, refusons obstinément de n'être que des jouets du hasard confrontés à des événements seulement aléatoires. Qu'est-ce donc qui nous rend à ce point exigeants ? Mais… la conscience, tout bonnement ! Universelle ou individuelle, c'est elle qui nous pousse à trouver un ordre dans la nature, un modèle à suivre et une raison de survivre. L'humain est probablement le seul mammifère qui invente des mythes, des rites susceptibles de donner un sens à sa vie et de la perpétuer. Or, si la science explique assez bien le « comment » des choses qui nous gouvernent, elle ne répond pas au « pourquoi », aussi en appelons-nous à la philosophie, à la psychologie, à la religion et, parfois, à la divination.

Avant de devenir ce marché gigantesque où ne semblent prises en compte que la crédulité et la solvabilité des consommateurs, la divination fut longtemps considérée comme un art majeur, et le devin comme l'interlocuteur du divin (ce que confirme l'étymologie latine en confondant divin et devin dans un *divinus* qui laisse rêveur). Il tient au praticien autant qu'au consultant que la consultation soit un moment important, une pause magique dans le manège du temps, un dialogue avec notre petite parcelle d'éternité, qu'on la nomme « âme », « subconscient », « inconscient », « ange gardien » ou autre... Peu importe ce que c'est, mais, qu'ils soient scientifiques, philosophes ou théologiens, les chercheurs sont tous confrontés un jour à de l'impondérable, de l'intangible, de l'indicible. Si nous convenons que, pour dialoguer avec ce « quelque chose », nous avons besoin d'un intermédiaire privilégié, un « médium » au sens littéral, et si nous choisissons, parmi tous les médiums possibles que sont les poètes, les psychologues, les philosophes, les prêtres et les devins, d'interroger le devin, alors faisons en sorte de le choisir bientraitant...

Soigner les soignants

Pour tous ces bientraitants potentiels que sont les soignants, il serait urgent que se généralisent les lieux d'écoute. Au sein d'un hôpital, d'une clinique ou de tous lieux de soins, l'on considère trop souvent que soutenir le personnel soignant n'est pas un objectif prioritaire ; leur apporter l'aide psychologique dont ils ont pourtant grandement besoin est considéré comme un service « en plus ». Or, si le vécu est trop lourd, les équipes n'ont pas la capacité de prendre suffisamment de recul pour soigner leurs patients en toute sérénité. N'étant plus à même de travailler dans les bonnes conditions requises par leur fonction, ils stressent ou dépriment. Fatalement, les malades en subissent les conséquences.

Il en va de même pour les psychanalystes, les psychothérapeutes et les psychologues. Pour évacuer sainement le poids des plaintes exprimées verbalement et physiquement par leurs patients, ils travaillent dans des groupes de paroles. Échanger avec des confrères et, le cas échéant, exprimer ses ressentis, ses doutes dans le cabinet d'un autre psy, permet d'éviter l'implosion.

Le soignant est dans une situation à la fois de doute et de toute-puissance qu'il risque de ne plus savoir comment gérer. Un autre psychologue va le recadrer en l'aidant à prendre conscience qu'il n'est pas Dieu, qu'il n'est pas censé résoudre tous les problèmes, répondre à toutes les questions, consoler tous les malheurs, et que nul n'est tenu de faire mieux que son possible.

Bientraiter nos patients suppose et impose de nous bien-traiter et de nous faire bientraiter…

Conclusion

La bientraitance : une révolution !

L'adulte règle souvent ses comptes avec les souffrances vécues dans l'enfance, le formidable développement de la psychanalyse est là pour en témoigner. Toutefois, pour tous ceux qui souffrent et qui n'ont pas encore rencontré leur accoucheur mental, la bientraitance peut proposer une méthode inattendue : confronté à une situation vécue comme injustement douloureuse, il est possible de la retourner comme une chaussette, de manière à l'interpréter de façon plus acceptable et à nous appuyer sur nos capacités de résilience.

Le mot « résilience » est utilisé depuis plus de deux siècles en physique pour caractériser la résistance d'un métal aux chocs et aux torsions. C'est sans doute l'écrivain Paul Claudel qui, en France, fut le premier à utiliser autrement ce terme. En 1933, dans un texte intitulé *L'Élasticité américaine,* il écrit : « Il y a dans le tempérament américain une qualité que l'on traduit là-bas par le mot *resiliency* pour lequel je ne trouve pas en français de correspondant exact, car il unit les idées d'élasticité, de ressort, de ressource et de bonne humeur[1]. » Au début des années 1980, John Bowlby, spécialiste de l'attachement, définit la résilience comme « le ressort d'une personne qui ne se laisse pas abattre ». En

---

1. Paul Claudel, *Œuvres en prose,* Gallimard, coll. « La Pléiade », 1965.

France, c'est dans les années 1990 qu'apparaît le concept de résilience dans les écrits de Michel Manciaux, Marceline Gabel, Stanislaw Tomkiewicz, Serge Lebovici et Boris Cyrulnik. « La résilience se substitue à la fatalité », disait Stanislaw Tomkiewicz[1].

Appliquée à l'humain, la résilience évoque sa faculté, lorsqu'il est accablé et désespéré, de donner, au fond du gouffre où il se trouve, le coup de pied salvateur qui le fait remonter vers la surface. Prenons l'exemple d'un enfant qui a été tordu, cassé, à qui l'on a fait subir les pires sévices : la résilience, c'est la capacité qu'il a de faire en sorte que cette vie mal commencée soit socialement une réussite et qu'il puisse en tirer quelque chose de formidablement positif. Quelles que soient les blessures, les handicaps du départ, pour peu qu'une main bienveillante et confiante se tende vers l'individu, il peut se réparer. Et les exemples abondent ! Dans une proportion considérable, ceux qu'on appelle les « grands hommes » (dont beaucoup de femmes...) ont inauguré leur existence avec de très lourds handicaps. Tout est donc encore possible.

La bientraitance est une révolution parce que, au sens littéral, c'est un retournement systématique de chaque événement. Essayons de changer notre caméra d'épaule pour envisager l'autre de son point de vue à lui. Dérangeant, sans doute, fatigant certainement, mais *« ce qui vient au monde pour ne rien troubler ne mérite ni égard ni patience[2] »*.

Le regard bientraitant est un regard actif, bienveillant sur les capacités avérées et les potentialités sous-jacentes de

1. In *Enfance majuscule*, n° 72-73 : *La Résilience*, septembre 2003.
2. René Char, *Fureur et Mystère* (1948), Gallimard, coll. « Foliothèque », 1996.

chacun des individus que la nature et la providence nous confient, même pour un instant. Et, s'il y a un espoir vrai que cette attitude révolutionnaire soit adoptée par beaucoup, c'est qu'en retour de ce regard bienveillant, la récompense ne se fait pas attendre : l'enfant sourit, s'enthousiasme et se développe ; les adultes, ne se sentant plus mis en accusation, n'ont plus besoin d'agresser pour se défendre.

Ce qui nous maltraite et nous rend maltraitants – en tout cas peu doués pour la réelle bientraitance –, c'est finalement la peur de n'être pas identifiés, reconnus, appréciés. Alors, oui, l'attitude bientraitante est complètement révolutionnaire puisqu'elle offre de faire de chacun de nous un être unique.

Tout au long de notre existence, nous nous maltraitons à cause de cette satanée peur de n'être pas aimés, pas appréciés de tous ceux qui composent notre environnement : conjoint, enfants, parents, voisins, collègues, employeurs, etc. Dès lors que nous nous bientraitons nous-mêmes, que ceux qui nous entourent devinent cette plénitude en nous, nous devenons les cibles privilégiées de leur bientraitance. Cette rébellion personnelle est déjà une sacrée satisfaction ! Alors, imaginons, par l'effet de contagion, ce que cet élan révolutionnaire peut améliorer… Par contagion, parce que chaque être vivant semble relié aux autres par un lien invisible, impalpable. De la même façon qu'un lien mystérieux relie entre elles nos cellules, nous sommes reliés les uns aux autres par… quelque chose dont les effets sont à rapprocher des phénomènes de groupe. Considérant systématiquement comme acquis, comme normal et évident ce qui fonctionne sans accroc, l'humain en oublie jusqu'aux avantages. À l'inverse, il est naturellement prompt à remarquer le dysfonctionnement et à l'invectiver. Or, la réaction bientraitante consiste aussi à remarquer ce qui fonctionne, à s'en réjouir, et à faire en sorte que cela continue…

Toutes les recherches, tous les moyens seront bons pour instaurer le changement. La moindre des bientraitances que nous pouvons nous accorder est de reconnaître que rien n'est jamais inscrit définitivement et que chacun d'entre nous possède un certain nombre de compétences sur lesquelles s'appuyer.

Et cessons de clamer : « C'était mieux avant ! » Il suffit de relire Zola, Maupassant ou Steinbeck… Quand ils n'étaient pas roués de coups dans des institutions, ceux des enfants qui avaient survécu à tout ce qui tuait, avant l'apparition de la pénicilline, travaillaient, pour certains, à partir de l'âge de cinq ans. Faute de connaissances suffisantes en matière de psycho-exploration, des individus hâtivement baptisés « malades mentaux » croupissaient dans des geôles bizarrement appelées « asiles ». Les femmes qui ne mouraient pas en couches ou sous les coups d'un maître n'avaient aucun droit. Dans notre pays, elles n'ont pu voter qu'à partir de 1945, et n'ont eu le droit de travailler sans l'autorisation de leur père ou de leur mari qu'en 1964 ! Enfin, c'est la première fois depuis de nombreux siècles que notre pays traverse plus de soixante années sans subir de guerre.

Bien que, dans certaines pages de ce livre, il y ait eu plusieurs comparaisons apparemment défavorables au temps présent, et bien que, de tous côtés, on nous assène les pronostics les plus défaitistes concernant les futures conditions de notre survivance, l'humain, de notre côté du globe, a globalement plutôt bien traité l'humanité. Mais peut-on se bientraiter en maltraitant le reste du monde ?

Nous sommes allés vers la bientraitance et en même temps nous nous sommes perdus en cours de route. Pourtant, le monde en a connu des sages, des philosophes, des psy et des bientraitants de tous bords !

Chacun de nous peut, à son insu, devenir le meneur influent de son entourage. Se bientraiter, c'est à coup sûr devenir un individu plus heureux, plus libre donc plus charismatique. Pour enrayer une épidémie, on introduit un nouvel élément sainement perturbateur de la cohésion morbide du groupe (le vaccin) ; de la même façon, tout individu sain, libre et heureux, introduit dans un groupe d'individus inquiets, malheureux, dépressifs ou agressifs, devient le cheval de Troie de la bientraitance. C'est ainsi, le plus simplement du monde, que l'on devient héros de cette nouvelle résistance, que l'on prend le maquis, seulement armé de mots et d'idées simples :

– désarmer sans diminuer ni diaboliser ;
– avertir et former en valorisant ;
– armer pour renforcer la personnalité.

Une fois gommée de notre vocabulaire la terrible phrase « ce n'est pas mon problème », la bientraitance est l'outil qui permet à chacun de ne plus se satisfaire d'avoir été rarement malfaisant ou, l'ayant été, de ne pas s'être fait prendre ; de ne plus se satisfaire d'avoir été le plus souvent relativement honnête et assez gentil.

Dans ce monde d'incertitudes, la bientraitance serait-elle l'exception ? Dans ce cas, faisons de l'exception la norme évidente avant que nos enfants viennent nous demander des comptes.

« Être présent avec un autre que l'on invite à être présent, cela s'appelle de la bientraitance[1]. »

---

1. Bernard This, « Naître, grandir, devenir. La bientraitance interrogée », Paris, Journées d'étude des 17-19 octobre 2005.

Bibliographie

Appell G., David M., « Étude des facteurs de carences affectives dans une pouponnière », *in La Psychiatrie de l'enfant,* vol. IV, fasc. 2, 1962.

Bowlby J., *Attachement et Perte,* PUF, 1978.

Brazelton T.B., Bounay C., Ajuriaguerra J (de), *La Naissance d'une famille ou Comment se tissent les liens,* Stock, coll. « Laurence Pernoud », 1981.

Cyrulnick B., *Les Vilains Petits Canards,* Odile Jacob, 2001.

Cyrulnick B., *Le Tissage de la résilience au cours des relations précoces. La résilience : le réalisme de l'espérance,* Érès, 2001, p. 27-44.

Desmet H., Pourtois J.-P. (sous la dir. de), *Culture et Bientraitance,* De Boeck, coll. « Questions de personne », 2005.

Dolto F., *La Cause des enfants,* Pocket, 2003.

Gabel M., Jésu F., Manciaux M., *Bientraitances : mieux traiter familles et professionnels,* Fleurus, 2000. Voir notamment : Manciaux M., Tomkiewicz S., « La résilience aujourd'hui ».

Gabel M., *Protection de l'enfance,* Fleurus, 2005.

Israël J., *L'Examen du nouveau-né en toute sérénité,* colloque de la Bientraitance, Marseille, 2004.

Lebovici S., Soulé M., *La Connaissance de l'enfant par la psychanalyse,* PUF, 1970.

Manciaux M., « La résilience : mythe ou réalité ? », *in* Gabel M., Lebovici S. et Mazet P., *Maltraitance psychologique,* Fleurus, 1997.

Manciaux M. (sous la dir. de), *La Résilience : résister et se construire,* Médecine et Hygiène, 2001. Voir notamment : Manciaux M., Vanistendael S., Lecomte J., Cyrulnik B., « La résilience, état des lieux » ; Tomkiewicz S., « Du bon usage de la résilience : quand la résilience se substitue à la fatalité ».

Michaud P., *La Résilience : un regard neuf sur les soins et la prévention,* Archives de pédiatrie, n° 6, 1999.

Rapoport D., *Blanche-Neige, les sept nains et autres maltraitances : la croissance empêchée,* Belin, 2003.

Rapoport D., *La Bien-traitance envers l'enfant : des racines et des ailes,* Belin, coll. « Naître, grandir, devenir », 2006.

Sallez H., This B., *Tous jaloux ? Lorsqu'un autre enfant paraît,* Belin, coll. « Naître, grandir, devenir », 2005.

This B., *Naître et sourire,* Flammarion, 1994.

Tomkiewicz S., « Pour Pierre Strauss », *in* Manciaux M., Girodet D., *Allégations d'abus sexuels : parole d'enfant, paroles d'adultes,* Fleurus, 1999.

Tomkiewicz S., *L'Adolescence volée,* Hachette Pluriel Référence, 2001.

Tomkiewicz S., « L'émergence du concept », *in La Résilience : le réalisme de l'espérance,* Érès, 2001.

Tomkiewicz S., Finder J., « Comment faire de votre enfant un délinquant ? », *in Enfance majuscule* n° 68-69, 2003.

Vanistendael S., *La Résilience ou le Réalisme de l'espérance ; blessé mais pas vaincu,* Bureau international catholique de l'enfance, n° 53, 1999.

VANISTENDAEL S., LECOMTE J., MANCIAUX M., *Le bonheur est toujours possible : construire la résilience,* Bayard, 2000.

WATZLAWICK P., HELMICK-BEAVIN J., JACKSON DON D., *Une logique de la communication,* Seuil, coll. « Points Essais », 2001.

WINNICOTT D.W., *La Consultation thérapeutique et l'enfant,* Gallimard 1991.

WINNICOTT D.W., *Le Bébé et sa mère,* Payot, coll. « Science de l'homme », 1992.

ENFANCE MAJUSCULE (revue)

La Bientraitance interrogée, numéro spécial 87-88-89, août 2006.

La Résilience, n° 72-73, septembre 2003.

La Bientraitance, n° 64, mai-juin 2002.

MARTINO B., *Le Bébé est une personne,* vidéocassette, TF1, 1984.

Table des matières

Introduction

Première partie

Deuxième partie

Troisième partie

Quatrième partie

Cinquième partie

Sixième partie

Septième partie

Huitième Partie

Conclusion

Psychologie

150 tests d'intelligence, J. E. Klausnitzer, n° 3529
À quoi rêvent les femmes… et ce qu'en pensent les hommes, F. Ploton, n° 3692
Amour, famille et trahison, N. Prieur, n° 3736
Amour sans condition (L'), L. L. Hay, n° 3662
Analyse transactionnelle (L'), R. de Lassus, n° 3516
Apprivoiser le deuil, M. Ireland, n° 3677
Art de la simplicité (L'), D. Loreau, n° 3720
Au secours ! Je vis avec un(e) narcissique,
Carter et J. Sokol, n° 3721
Be happy, D. Koffmann, n° 3697
Biologie de l'amour (La), A. Janov, n° 3746
Boostez votre cerveau, G. Azzopardi, n° 3710
C'est (presque) toujours de la faute des hommes, R.-M. Alter, n° 3729
Ce que veulent les hommes, B. Gerstman, C. Pizzo et R. Seldes, n° 3672
Cerveau des mères (Le), K. Ellison, n° 3726
Ces amours qui nous font mal, P. Delahaie, n° 3706
Ces gens qui vous empoisonnent l'existence, L. Glas, n° 3597
Cette famille qui vit en nous, C. Rialland, n° 3636
Changez de vie en 7 jours, P. McKenna, n° 3719
Cinq Entretiens avec le Dalaï-Lama, Sa Sainteté le Dalaï-Lama, n° 3650
Communication efficace par la PNL (La), R. de Lassus, n° 3510
Couples : la formule du succès, P. Mc Graw, n° 3715
Dictionnaire des rêves, L. Uyttenhove, n° 3542
Efficace et épanoui par la PNL, R. de Lassus, n° 3563
Éloge de la lenteur, C. Honoré, n° 3731
Éloge du luxe, T. Paquot, n° 3725
Ennéagramme (L'), R. de Lassus, n° 3568
Et moi alors ?, P. Mc Graw, n° 3730
Être la fille de sa mère, P. Delahaie, n° 3727
Fais-toi confiance, I. Filliozat, n° 3723
Force est en vous (La), L. L. Hay, n° 3647
Gestalt, l'art du contact (La), S. Ginger, n° 3554
Grandir avec ses enfants, N. Prieur, n° 3734
Hommes, les femmes, etc. (Les), E. Willer, n° 3679
Hommes préfèrent les garces (Les), F. Ploton, n° 3724
Intelligence du cœur (L'), I. Filliozat, n° 3580

Interprétation des rêves (L'), P. Daco, n° 3501
Je t'en veux, je t'aime, I. Filliozat, n° 3699
Libérez-vous ! Dr Barefoot, n° 3733
Langage des gestes (Le), D. Morris, n° 3590
Méditer au quotidien, H. Gunaratana, n° 3644
Mère-fils, l'impossible séparation, A.-L. Gannac, n° 3711
Mesurez votre Q.I., G. Azzopardi, n° 3527
Méthode Coué (La), E. Coué, n° 3514
Notre capital chance, Dr R. Wiseman, n° 3691
On gère sa vie, on ne la subit pas, P. McGraw, n° 3704
Oser être soi-même, R. de Lassus, n° 3603
Osez briser la glace, S. Jeffers, n° 3673
Osez le grand amour, S. Jeffers, n° 3716
Parents toxiques, Dr S. Forward, n° 3678
Pères d'aujourd'hui, filles de demain, V. Colin-Simard, n° 3693
Petit Livre de sagesse du Dalaï-Lama (Le), B. Baudouin, n° 3702
Plénitude de l'instant (La), T. Nhat Hanh, n° 3655
Pourquoi les femmes se prennent la tête ? S. Nolen-Hoeksema, n° 3722
Pouvoir de la bonté (Le), Sa Sainteté le Dalaï-Lama, n° 3703
Prodigieuses Victoires de la psychologie (Les), P. Daco, n° 3504
Psy de poche (Le), S. Mc Mahon, n° 3551
Puissance de la pensée positive (La), N. V. Peale, n° 3607
Quand les enfants partent, A. Schapiro-Niel, n° 3707
Que se passe-t-il en moi ? I. Filliozat, n° 3671
Réussir le nouveaux tests de Q.I., G. Azzopardi, n° 3714
Rupture : petit guide de survie, D. Hirsh, n° 3689
Secrets de famille, mode d'emploi, S. Tisseron, n° 3573
Sexe des larmes (Le), Dr P. Lemoine, n° 3688
Thérapie du bonheur (La), Dr É. Jalenques, n° 3682
Tout ce que les hommes ignorent et que les femmes n'avoueront jamais, D. McKinlay, n° 3708
Tout se joue en moins de 2 minutes, N. Boothman, n° 3675
Transformez votre vie, L. L. Hay, n° 3633
Tremblez mais osez ! S. Jeffers, n° 3669
Triomphes de la psychanalyse (Les), P. Daco, n° 3505
Vie à bras-le-corps (La), S. Jeffers, n° 3690
Vie est immense (La), S. Jeffers, n° 3718
Vivre en paix, T. Janssen, n° 3740
Ze love book, Frapar, n° 3712

Photocomposition Nord Compo
Imprimé en Allemagne par GGP Media GmbH

Pour le compte des Éditions Marabout.
Dépôt légal : Mars 2011
ISBN : 978-2-501-05700-4
40.8125.3
Édition 02